메이커: 미래 과학자를 위한 프로젝트

즐거운 과학 실험실

메이커: 미래 과학자를 위한 프로젝트
즐거운 과학 실험실

초판 1쇄 찍은 날 2019년 11월 29일
초판 1쇄 펴낸 날 2019년 12월 23일

지은이 잭 챌로너(Jack Challoner)
옮긴이 이승택·홍민정

펴낸이 백종민
주간 정인회
편집 최새미나·박보영·이혜진·신대리라
외서기획 강형은
디자인 김미정·임채원
마케팅 김정미·박진용
관리 장희정·임수정

펴낸곳 주식회사 꿈결
등록 2016년 1월 21일(제2016-000015호)
주소 서울시 영등포구 당산로 50길 3 꿈을담는빌딩 6층
대표전화 1544-6533
팩스 02) 749-4151
홈페이지 dreamybook.co.kr
이메일 ggumgyeol@naver.com
블로그 blog.naver.com/ggumgyeol
트위터 twitter.com/ggumgyeol
페이스북 facebook.com/ggumgyeol
에듀카페 cafe.naver.com/ggumgyeoledu

ISBN 979-11-88260-76-8 04400
ISBN 979-11-88260-67-6 (세트)

이 도서의 국립중앙도서관 출판예정도서목록(CIP)은 서지정보유통지원시스템 홈페이지(http://seoji.nl.go.kr)와 국가자료공동목록시스템(http://www.nl.go.kr/kolisnet)에서 이용하실 수 있습니다.(CIP제어번호: CIP2019034625)

책값은 뒤표지에 있습니다.
주식회사 꿈결은 (주)꿈을담는틀의 자매회사입니다.

Original Title: Science Lab
Copyright ⓒDorling Kindersley Limited, 2019
A Penguin Random House Company

All rights reserved.
No part of this publication may be reproduced, stored in or introduced into a retrieval system, or transmitted, in any form, or by any means (electronic, mechanical, photocopying, recording, or otherwise), without the prior written permission of the copyright owner.

This Korean edition was published by Ggumgyeol in 2019 by arrangement with Dorling Kindersley Ltd., London, UK.

Printed in China

이 책의 한국어판 저작권은 DK(돌링 킨더슬리)와 독점 계약한 주식회사 꿈결에 있습니다.
저작권법에 의해 한국 내에서 보호를 받는 저작물이므로 무단 전재와 복제를 금합니다.

**A WORLD OF IDEAS:
SEE ALL THERE IS TO KNOW**

www.dk.com

메이커: 미래 과학자를 위한 프로젝트

즐거운 과학 실험실

도구와 기계의
원리를 배우다
SCIENCE LAB

잭 챌로너 지음 | 이승택·홍민정 옮김

DK

차례

서문 · 6

1장 힘과 운동 · 8
- 태엽자동차 · 10
- 페트병 뗏목 · 18
- 모래추 · 24
- 풍력 발전용 터빈 · 30
- 공중에 뜨는 공 · 38
- 타워 크레인 · 42
- 오토마톤 · 50

2장 액체와 반응 · 60
- 블러버 장갑 · 62
- 보온병 · 66
- 피타고라스 컵 · 70
- 방향제 · 74
- 거품탑 · 78
- 구리의 화학 반응 · 82

과학(Science)
이 표시는 생물학, 화학 또는 물리학에 대해 알려 줍니다.

기술(Technology)
이 표시는 도구와 이를 활용한 기술에 대해 알려 줍니다.

공학(Engineering)
이 표시는 구조물과 기계에 대해 알려 줍니다.

수학(Mathematics)
이 표시는 공식, 도형, 또는 측정 등에 대해 알려 줍니다.

3장 **형태와 구조** · 88

스파게티 탑 · 90

신문지 의자 · 94

현수교 · 98

지오데식 돔 · 106

팬터그래프 · 112

튼튼한 모래성 · 118

4장 **빛과 소리** · 124

파동 관찰 장치 · 126

분광기 · 132

노래하는 숟가락 · 138

하모니카 · 142

버저 · 146

기타 · 150

용어 사전 · 158

역자 후기 · 160

서문

흥미로운 과학 원리와 재미있는 실험들로 가득한 STEM 실험실에 온 것을 환영합니다! 이 책에 실린 실험은 여러분이 쉽게 구할 수 있고 찾을 수 있는 재료로 할 수 있습니다. 그런데 왜 실험실이냐고요? 제가 예전에 쓴 책인 《즐거운 야외 실험실》에서 따왔기 때문입니다. 만약 읽어 보지 않았다면 한번 찾아서 읽어 보세요. 야외에서 할 수 있는 신나는 실험들이 가득하거든요!

혹시 STEM을 들어 본 적이 있나요? STEM이란 Science(과학), Technology(기술), Engineering(공학), Mathematics(수학)의 첫 글자를 딴 것입니다. 이 책에서 우리는 단순히 실험만 하는 것이 아니라 과학과 기술, 공학, 수학이 우리 생활과 얼마나 밀접한 관련이 있고, 주변에서 일어나는 일들을 얼마나 잘 설명하고 있는지 알 수 있습니다. 또 이것들이 어떤 의미가 있고 우리에게 무엇을 말해 주는지 이 책을 통해서 배울 수 있습니다.

과학은 우리 주변을 면밀히 탐구하고 새로운 것을 발견하는 과정입니다. 관찰하고, 생각하고, 실험하면서 말이죠. 물질이 무엇으로 이루어져 있는지, 사물은 어떻게 작동하는지 등에 대해 호기심을 가지는 것이 과학의 첫 걸음입니다. 이런 호기심을 느끼는 사람들에게 과학은 멋진 열쇠가 됩니다. 이 책에서 여러분은 화학 반응을 일으키고 파동이 어떻게 전달되는지 확인하며 동시에 소리의 과학에 대해 배우게 될 것입니다.

기술은 우리가 좀 더 편리하게 생활할 수 있도록 도와주는 여러 도구와 장치에 관한 모든 것입니다. 전동 드라이버, 전자레인지, 화장실, 심지어 비행기까지 다양한 종류의 기술이 우리 삶을 둘러싸고 있지요. 터빈과 타워 크레인을 만들면서 핵심 기술이 어떻게 작동하는지 알아보세요. 기술은 계속 발전하고 있습니다. 미래의 우리 후손들이 어떤 기술을 이용해 멋진 발명품을 만들 수 있을지 상상해 보세요.

기술이 직접적으로 무언가를 만들고 세운다면, 공학은 기술을 활용할 수 있는 기초를 만들어 줍니다. 어떤 종류의 기술을 어떻게 사용할지 등을 고민하며 물체를 탐구하지요. 공학자들은 설계와 시험 과정을 거쳐 빌딩이나 차, 다리, 터널 등을 만듭니다. 또 물건을 만들면서 적합한 재료를 찾는 일도 하지요.

수학은 숫자와 도형으로 가득한 세계로 과학, 기술, 공학의 기초가 됩니다. 수학은 그 자체로도 매력이 있지만 다른 학문과 함께할 때 특히 빛을 발하지요. 숫자와 도형 속에는 다양한 비밀이 숨어 있습니다. 이 책의 거의 모든 실험에서 여러분은 수학과 함께할 것입니다. 측정하거나 각도를 재거나 실험을 정확하게 수행할 때도 수학을 활용한답니다.

이 책의 네 가지 영역은 모두 서로 연관되어 있습니다. 이것들을 서로 결합하면서 새롭게 지식을 배우고, 아이디어를 떠올리고, 특별한 기술을 얻고, 문제 해결력을 기를 수 있습니다. 앞서 말한 STEM에 예술(Art)의 A를 추가하기도 합니다. STEM에 창의성을 더해 STEAM이라고 하지요. 과학과 기술, 공학, 예술, 수학 모두 우리를 둘러싼 주변 환경을 이해하는 중요한 방법이고 더 나은 삶을 꿈꾸게 하는 방법이 됩니다.

이 책에 실린 활동들은 대부분 어렵지 않지만 몇 가지는 아주 조심해야 합니다. 또 과정이 조금 복잡하거나 어른의 도움을 받아야 할 수 있습니다. 하지만 천천히 인내심을 가지고 따라 하고, 까다로운 과정은 부모님의 도움을 받아 모든 과정을 해결해 보세요. 멋진 과학자의 길에 한 걸음 더 가까워질 것입니다.

잭 챌로너

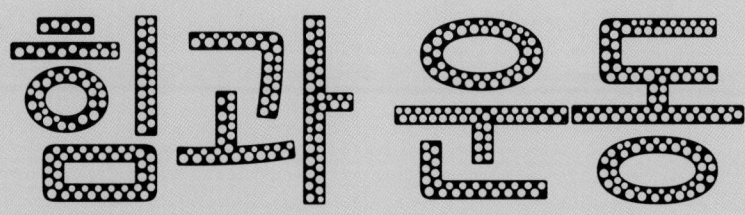

힘과 운동

힘은 어디에나 작용하고 있습니다. 여러분이 물체를 밀거나 당길 수 있는 것도 힘 덕분입니다. 힘은 물체를 움직이게 할 수 있고, 멈추게 할 수 있습니다. 게다가 운동하고 있는 물체의 속도를 더 빠르게 하거나 느리게 할 수 있고, 가만히 있도록 할 수도 있지요. 여러분은 아마 중력에 가장 익숙할 것입니다. 중력은 물체를 지면으로, 즉 지구 중심으로 잡아당기는 힘입니다. 이번 실험에서 여러분은 중력에 맞서서 크레인을 만들고, 탁구공을 공중에 띄울 것입니다. 또 중력뿐만 아니라 뗏목이 물 위에 떠 있도록 만드는 힘에 대해서도 배울 수 있습니다.

위치 에너지
태엽 자동차

기술자들은 아주 오래전부터 시계와 장난감 등을 만드는 데 태엽 장치를 사용했습니다. 이 장치에는 길고 탄성이 있는 재료로 만들어진 메인 스프링이라는 부품이 있습니다. 메인 스프링을 코일처럼 단단하게 감으면 물체를 움직일 수 있는 에너지가 저장됩니다. 에너지는 새롭게 만들어지거나 없어지지 않습니다. 다만 한 종류의 에너지에서 다른 종류의 에너지로 바뀔 뿐이지요. 자동차의 태엽을 감으면 메인 스프링은 자동차를 움직일 에너지를 저장합니다. 이때 자동차를 놓으면 어떻게 될까요? 쌔-앵, 저장된 에너지가 자동차를 움직입니다!

메인 스프링을 감으면 감을수록 더 많은 에너지가 저장됩니다.

태엽 자동차에는 세 개의 베어링이 있습니다. 베어링이란 차축이 자유롭게 회전할 수 있도록 도와주는 좁은 관이지요. 이번 실험에서 베어링은 종이로 만듭니다.

서로 다른 두 표면이 만나면 마찰력이 생깁니다. 마찰력은 차축이 베어링 안에서 회전할 때, 바퀴가 지면 위를 굴러갈 때 생깁니다.

1. 힘과 운동

태엽 자동차 만들기

이번 실험에서 만들 태엽 자동차는 메인 스프링에 저장된 에너지를 이용하여 움직입니다. 메인 스프링은 종이로, 바퀴를 연결하는 차축은 정원용 막대로 만들 것입니다. 또 차축이 잘 회전하도록 도와주는 베어링도 종이로 만듭니다. 차축과 베어링은 자동차의 틀에 해당하는 차대(chassis, 섀시)와 연결됩니다.

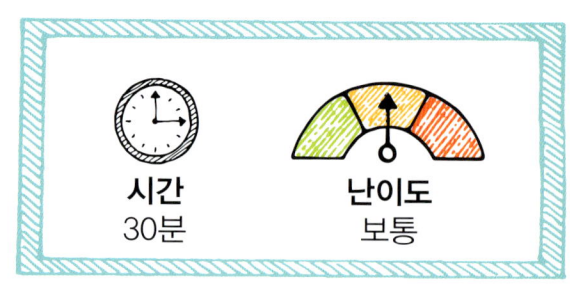

시간 30분 난이도 보통

준비물

양면테이프, 페트병 뚜껑 4개, 물감, 색연필, 접착제, 붓, 가위, 점토 접착제, 정원용 막대, 자, A4 용지, 골판지

1 자를 이용해 골판지에 가로 15cm, 세로 8cm 크기의 직사각형을 그리세요. 가위로 직사각형을 자르세요.

← 이 직사각형 조각은 자동차의 틀인 차대(섀시)가 됩니다.

2 직사각형 조각에 위 사진처럼 끝에서 각각 2cm만큼 떨어진 곳에 점을 찍으세요. 그 다음 두 점을 통과하는 선을 그리세요.

태엽 자동차 13

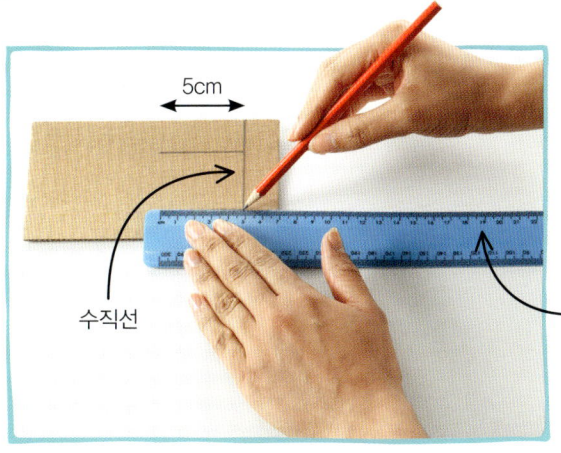

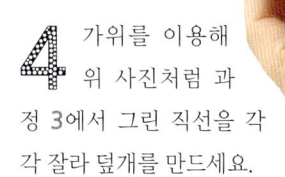

3 과정 2에서 그린 선에서 수직으로 길이 5cm의 직선 두 개를 그리세요. 이때 두 직선은 과정 2에서 찍은 점에서 시작합니다.

4 가위를 이용해 위 사진처럼 과정 3에서 그린 직선을 각각 잘라 덮개를 만드세요.

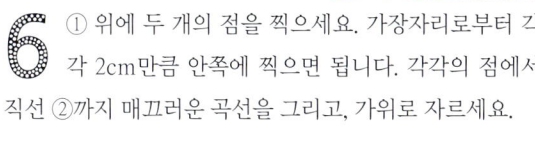

5 이제 두 개의 직선을 더 그릴 것입니다. 위 사진처럼 가장자리에서 각각 1cm, 7cm만큼 떨어진 곳에 직선을 그리세요.

6 ① 위에 두 개의 점을 찍으세요. 가장자리로부터 각각 2cm만큼 안쪽에 찍으면 됩니다. 각각의 점에서 직선 ②까지 매끄러운 곡선을 그리고, 가위로 자르세요.

7 물감으로 차대를 칠하세요. 여러분이 원하는 색을 골라 자유롭게 꾸미세요.

8 A4 용지에 두 개의 직선을 그리세요. 위 사진처럼 종이의 긴 쪽을 기준으로 각각 3cm, 6cm만큼 떨어진 곳에 그리면 됩니다.

14   1. 힘과 운동

식물의 섬유질이 엉켜 만들어진 종이는 매우 얇고 다양한 곳에 쓰입니다.

9 과정 8에서 그린 직선을 잘라 긴 종이 두 개를 만드세요. 이 종이로 메인 스프링을 만듭니다.

10 양면테이프를 작게 잘라 과정 9에서 만든 두 개의 긴 종이를 연결하세요.

양면테이프로 관을 고정하세요.

종이를 너무 세게 말면 차축이 회전하기 어려우니 적당한 힘으로 마세요.

11 자르고 남은 종이 안에 막대를 넣고 돌돌 말아 관을 만드세요. 한쪽 끝에 양면테이프를 붙여 관을 고정하세요.

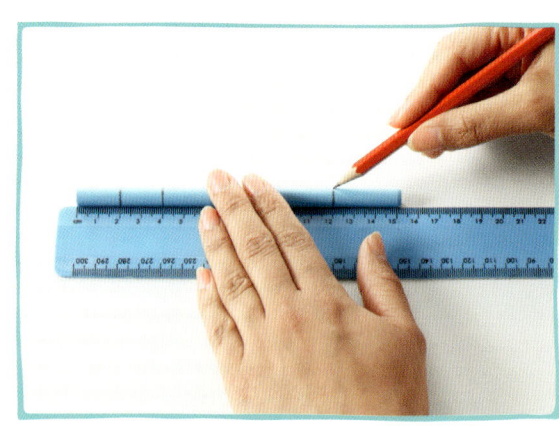

12 과정 11에서 만든 관의 한쪽 끝에서 각각 2cm, 4cm, 12cm만큼 떨어진 곳에 선을 그리세요. 이 조각들이 베어링입니다.

종이를 말면 아주 단단해집니다.

13 가위로 관에 그려진 선을 따라 자르세요. 2cm짜리 관 두 개, 8cm짜리 관 한 개가 만들어집니다. 자르고 남은 부분은 재활용하세요.

14 정원용 막대를 잘라서 11cm 길이 막대 두 개를 만드세요. 만일 깔끔하게 자르기 어렵다면 부모님께 도움을 요청하세요. 두 개의 막대는 자동차의 차축이 됩니다.

태엽 자동차 **15**

15 과정 10에서 만든 긴 종이를 준비하세요. 한쪽 끝에 양면테이프를 붙이고 위 사진처럼 차축 가운데에 붙이세요. 종이를 차축에 감으세요.

종이를 감으면 메인 스프링에 위치 에너지가 저장됩니다.

양면테이프를 이곳에 붙이세요.

16 차대를 뒤집어 메인 스프링을 덮개 아래에 넣으세요. 양면테이프를 이용해 위 사진처럼 고정하세요.

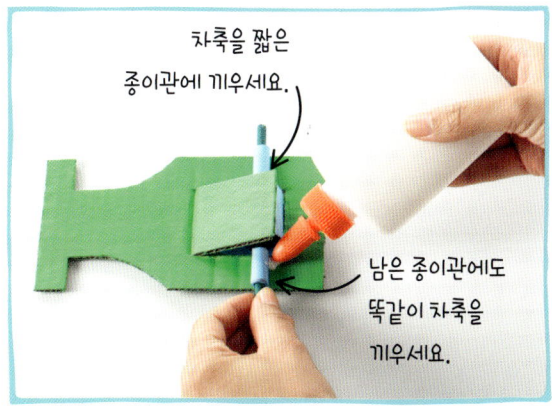

차축을 짧은 종이관에 끼우세요.

남은 종이관에도 똑같이 차축을 끼우세요.

17 차대를 다시 뒤집으세요. 과정 13에서 만든 짧은 종이관 안에 차축이 들어갈 수 있도록 밀어 넣으세요. 위 사진처럼 접착제로 종이관을 차대에 고정시키세요.

18 긴 종이관에 남은 차축을 끼운 다음, 아래 사진처럼 차대에 붙이세요.

접착제가 완전히 마르면 단단하게 붙습니다.

두 개의 차축은 차대의 끝과 서로 평행해야 합니다.

책상과 손가락을 보호하기 위해 점토 접착제를 아래에 두세요.

19 연필의 날카로운 부분을 이용해 뚜껑 가운데에 작은 구멍을 뚫으세요. 점토 접착제를 아래에 받쳐 손가락과 책상을 보호하세요.

1. 힘과 운동

20 뚜껑을 차축 끝에 끼워 바퀴를 만드세요. 만약 구멍이 커서 바퀴가 헐겁다면 접착제나 점토 접착제로 고정시키세요.

> 에너지는 새로 만들어지거나 없어지지 않습니다. 단지 한 종류에서 다른 종류로 전환될 뿐이지요.

21 자동차를 움직이려면 메인 스프링을 감아야 합니다. 자동차를 바닥에 두고 뒤로 당겨 보세요. 손을 떼면 자동차가 쌩~ 달려갈 거예요.

자동차가 이동한 거리를 움직이는 데 걸린 시간으로 나누면 자동차의 평균 속력을 계산할 수 있습니다. (속력 = 이동한 거리 / 이동 시간)

메인 스프링에 저장된 위치 에너지는 운동 에너지로 바뀌고, 마찰력과 공기 저항 때문에 차축과 지면에서 열에너지로 소모됩니다.

원리 파헤치기

여러분이 만든 태엽 자동차는 위치 에너지와 운동 에너지를 이용합니다. 위치 에너지란 저장된 에너지로 물체가 움직일 수 있도록 다른 에너지로 전환될 준비가 되어 있지요. 운동 에너지는 운동하는 물체가 가지는 에너지입니다. 자동차의 메인 스프링을 감으면 위치 에너지가 저장되고, 이 에너지는 운동 에너지로 바뀌어 자동차가 앞으로 움직이도록 합니다. 물체가 더 빨리 움직이고, 질량이 클수록 더 큰 운동 에너지를 갖습니다. 이때 물체의 질량과 속력을 알면 물체의 운동 에너지를 계산할 수 있습니다. 물체의 질량과 속력의 제곱값을 곱한 후, 2로 나눈 값이 바로 물체의 운동 에너지가 됩니다.

1 자동차를 뒤로 당기면 바퀴가 회전하며 메인 스프링을 단단하게 감고, 에너지를 저장합니다. 자동차를 놓으면 메인 스프링이 풀리면서 위치 에너지는 운동 에너지로 바뀝니다. 자동차는 이 운동 에너지를 사용해 앞으로 움직이지요.

메인 스프링은 단단하게 감겨 있습니다.

이렇게도 해 봐요!

여러분이 만든 태엽 자동차는 메인 스프링이 풀리며 쌩~ 하고 달려갈 것입니다. 태엽 자동차를 다른 곳에 두고 실험해 보세요. 또 디자인을 바꿔서 태엽 자동차를 더 멀리, 더 빠르게 움직이도록 만들어 보세요.

사포로 감싼 바퀴

오른쪽 사진처럼 뒷바퀴를 사포로 감싸세요. 바퀴와 지면 사이의 마찰력이 더 세집니다.

고무줄을 감은 바퀴

뒷바퀴에 고무줄을 감으면 실제 자동차의 바퀴처럼 더 큰 접지력(정지 마찰력)을 갖게 됩니다.

두꺼운 종이로 만든 메인 스프링

두꺼운 종이로 메인 스프링을 만들면 자동차를 더 빨리 움직일 수 있습니다. 두꺼운 종이는 얇은 종이보다 더 많은 에너지를 저장하기 때문입니다. 하지만 그만큼 에너지를 빨리 쓰기 때문에 멀리 움직이지는 못합니다.

우리 주변의 과학

기술: 전기 자동차

대부분의 자동차는 휘발유나 경유와 같은 화학 에너지를 사용합니다. 물론 모든 차가 그런 것은 아니지요. 전기 자동차는 전기 에너지를 저장한 강력한 배터리가 달려 있는데요. 이 전기 자동차의 배터리는 스마트폰처럼 충전해서 사용할 수 있습니다.

수학: 공기 저항력

자동차가 움직일 때, 운동 반대 방향으로 공기 저항력이 생깁니다. 공기 저항력은 자동차의 속력을 줄이지요. 이때 공기 저항력은 자동차의 속력이 빠르면 빠를수록 더 커집니다. 만일 자동차가 2배만큼 빠르게 달린다면, 공기 저항력은 4배로 늘어납니다.

---

2 스프링이 풀리면서 자동차도 계속 움직입니다. 운동 에너지는 열에너지로 바뀌는데, 이는 차축과 지면에서 발생하는 마찰과 공기 저항에 의해 발생합니다.

메인 스프링이 전부 풀리면 더 이상 자동차에 에너지를 공급하지 못합니다.

3 마찰과 공기 저항으로 발생하는 열은 여러분이 느낄 수 있을 정도는 아닙니다. 왜냐하면 운동 에너지의 양이 충분하지 않기 때문이지요. 운동 에너지를 모두 사용하면 자동차는 멈춥니다.

부력
페트병 뗏목

이 실험을 제대로 한다면 나중에 위험한 상황에서 여러분의 생명을 구하는 데 도움이 될 거예요. 만약 여러분이 무인도에 혼자 있다고 생각해 보세요. 커다랗고 빈 통이 있고 뗏목을 만들 줄 안다면 탈출할 수 있겠지요? 뗏목에 작용하는 힘의 균형을 맞추는 일은 생각보다 간단합니다. 조약돌이 담긴 그릇이 뗏목을 물속으로 미는 힘은 물이 공기로 가득 찬 페트병을 위로 밀어 올리는 힘인 부력과 균형을 이룹니다. 따라서 뗏목은 가라앉지 않지요.

뗏목의 바닥은 아이스크림 막대로 만들어져 단단하지만 가볍습니다.

페트병은 공기로 가득 차 있어서 물보다 가볍습니다.

뗏목 만들기

빈 페트병은 물 위에 잘 뜹니다. 그러나 가라앉지 않는 뗏목을 만들려면 무거운 무게도 잘 견딜 수 있는, 즉 하중을 잘 버틸 수 있는 뗏목 바닥을 만들어야 합니다. 이 과정은 어렵지 않습니다. 아이스크림 막대를 연결해 뗏목의 바닥을 만들고, 고무줄로 페트병에 고정하면 됩니다.

시간 30분 　 난이도 보통

준비물

조약돌이 담긴 그릇

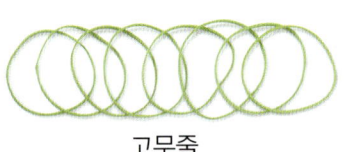
고무줄

접착제

아이스크림 막대 23개

저울

500mL 페트병 2개

1 아이스크림 막대 11개를 나란히 놓은 다음, 위 사진처럼 아이스크림 막대 두 개에 접착제를 발라 양쪽 끝에 붙입니다.

2 세 개의 아이스크림 막대를 위의 사진처럼 일정한 간격으로 놓으세요. 각 막대 끝에 접착제를 바르세요.

페트병 뗏목   21

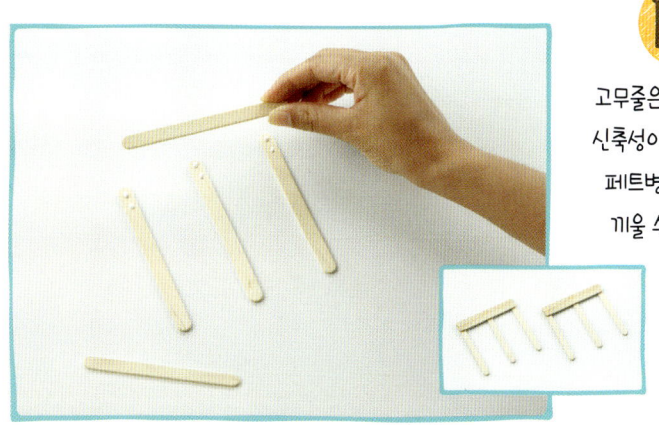

3 접착제를 바른 부분에 아이스크림 막대 두 개를 놓고 강하게 눌러 E자 모양을 만드세요. 과정 2~3을 반복해서 하나를 더 만드세요.

고무줄은 탄력이 있고 신축성이 좋기 때문에 페트병에 딱 맞게 끼울 수 있습니다.

4 과정 3에서 만든 E자 모양 조각이 완전히 마르면 사진처럼 양쪽 끝에 고무줄을 두 개씩 끼우세요.

조각을 붙이기 전에 네 개의 고무줄이 있는지 확인하세요.

5 과정 1에서 만든 뗏목 바닥을 뒤집어서 E자 모양 구조물을 양쪽 끝에 붙이세요. 접착제로 단단하게 붙이고 마를 때까지 기다리세요.

6 페트병을 끼울 수 있도록 고무줄을 잡아당기세요. 이때 오른쪽 사진처럼 고무줄의 간격이 일정해야 합니다.

뗏목은 보통 나무나 플라스틱, 스타이로폼처럼 가벼운 재료로 만듭니다.

뚜껑은 페트병 속의 공기가 빠져나가지 않도록 하고, 물이 들어가지 않도록 합니다.

1. 힘과 운동

7 저울로 그릇과 조약돌의 무게를 측정하세요. 여러분이 만든 뗏목이 얼마나 무거운 짐을 나를 수 있는지 알 수 있습니다.

뗏목 바닥과 E자 모양 구조물을 단단하게 연결할수록 뗏목은 더 잘 버틸 수 있습니다. 어떻게 하면 버티는 힘을 더 강하게 만들 수 있을까요?

8 뗏목을 싱크대나 욕조에서 띄우세요. 연못도 좋지만 이때는 반드시 어른과 함께해야 합니다. 뗏목 바닥 위에 조약돌이 담긴 그릇을 올리세요. 뗏목이 가라앉지 않고 잘 버티나요?

만일 페트병이 공기가 아니라 물로 가득 차 있다면 어떻게 될까요?

이렇게도 해 봐요!

뗏목에 올리는 짐의 무게를 점점 더 무겁게 해 얼마나 버티는지 살펴보세요. 또 뗏목을 변형시켜 다리나 배를 만들 수도 있습니다. 배를 만들 때에는 돛을 달아 배가 더 잘 나아가게 할 수 있지요. 또 배 밑에 방향타를 달아 똑바로 나아가게 할 수도 있습니다.

모래가 담긴 위의 그릇은 조약돌이 담긴 그릇보다 더 크고 무겁습니다. 모래 그릇을 뗏목 위에 놓으면 어떻게 될까요?

더 무거운 짐을 싣기 위해 500mL 페트병보다 더 큰 병을 사용하거나 페트병을 더 많이 연결해서 부력을 높일 수 있습니다.

부교는 배를 연결하여 만든 다리입니다. 뗏목 바닥과 페트병을 더 많이 연결해 사진과 같은 부교를 만들어 보세요.

원리 파헤치기

물체가 뜨거나 가라앉는 것은 밀도와 관련이 있습니다. 밀도란 물체의 부피에 비해 얼마나 많은 질량을 가지고 있는가를 나타냅니다 (밀도=질량/부피). 어떤 물체를 물에 넣으면 물은 물체를 위로 밉니다. 만약 물체의 밀도가 물보다 높으면, 물의 밀어 올리는 힘이 물체의 무게를 버틸 수 없어 결국 물체는 가라앉습니다. 그래서 동전이나 돌처럼 작고 무거운 물체는 물보다 밀도가 높기 때문에 가라앉지요. 반면 공기가 든 페트병처럼 밀도가 낮은 물체들은 물 위에 뜹니다. 물이 위로 밀어 올리는 힘인 부력이 물체의 무게를 충분히 지탱할 수 있기 때문이지요. 즉 물보다 밀도가 높으면 가라앉고, 낮으면 뜹니다.

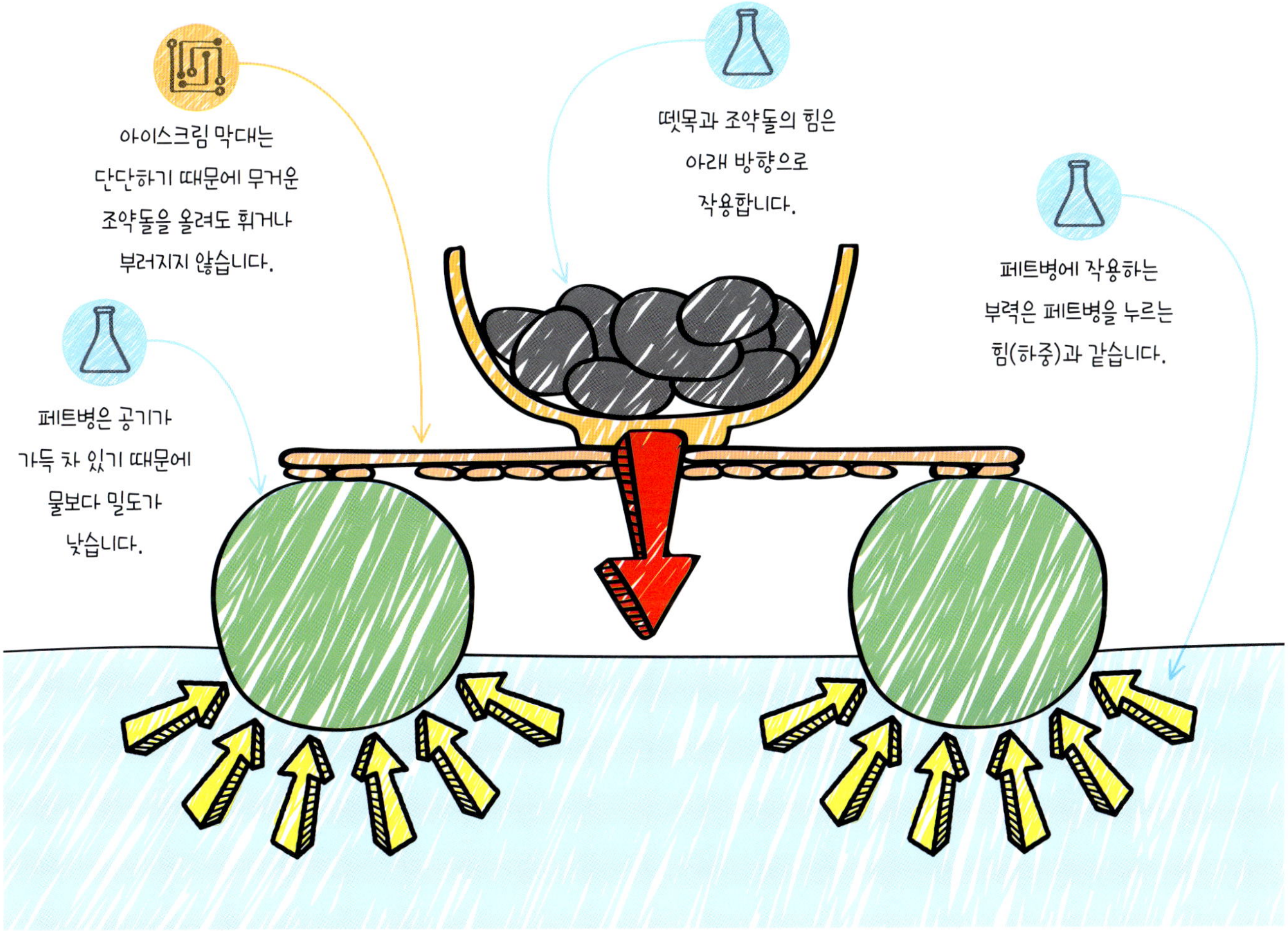

- 아이스크림 막대는 단단하기 때문에 무거운 조약돌을 올려도 휘거나 부러지지 않습니다.
- 떳목과 조약돌의 힘은 아래 방향으로 작용합니다.
- 페트병에 작용하는 부력은 페트병을 누르는 힘(하중)과 같습니다.
- 페트병은 공기가 가득 차 있기 때문에 물보다 밀도가 낮습니다.

우리 주변의 과학
공학: 잠수함

잠수함은 부력을 조절할 수 있기 때문에 물 위로 뜰 수 있고, 물속으로 깊이 들어갈 수도 있습니다. 잠수함에는 물 또는 공기를 채울 수 있는 커다란 탱크가 있는데요. 잠수를 할 때에는 탱크를 바닷물로 가득 채워 밀도를 높여 물속으로 가라앉습니다. 반대로 물 위로 떠오를 때에는 탱크에 공기를 주입하여 탱크 안의 바닷물을 밖으로 내보내 밀도를 낮춰 수면 위로 떠오릅니다.

흔들 모래추

이번 실험에서는 좌우로 흔들리는 추와 모래를 이용해 아름다운 무늬를 그릴 것입니다. 필요한 것은 약간의 모래, 페트병과 긴 줄입니다. 이 실험은 보기에 재미있고 아름다울 뿐만 아니라 놀라운 과학 원리도 숨어 있답니다. 이제 중력이 어떻게 추를 앞뒤로 흔들리게 하는지 알아봅시다.

흔들리는 추가
나선 모양으로 회전하며
아름다운 무늬를 만듭니다.

밝은 색 모래뿐만 아니라
일반 모래나 소금을
사용할 수 있습니다.

모래추 만들기

이 활동을 하려면 넓은 공간이 필요합니다. 실험에서는 녹색 모래를 사용했지만 쉽게 구할 수 있는 운동장의 모래도 괜찮습니다. 이때 모래는 완전히 마른 상태여야 합니다. 그렇지 않으면 추가 움직일 때 모래가 자유롭게 흘러내리지 못하기 때문이지요. 만약 모래가 없다면 소금을 사용해도 좋습니다.

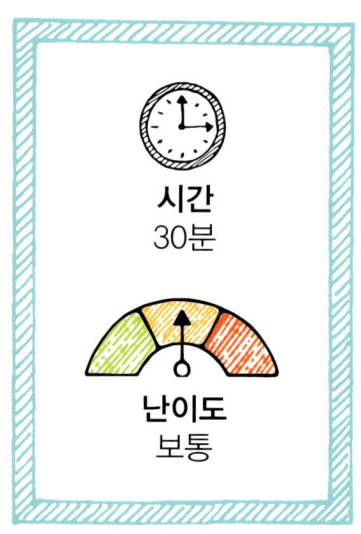

시간
30분

난이도
보통

준비물

- 줄
- 연필
- 접착테이프
- 가위
- 점토 접착제
- 자
- 펀치
- 페트병
- 색 모래 또는 소금
- 어두운 색 도화지

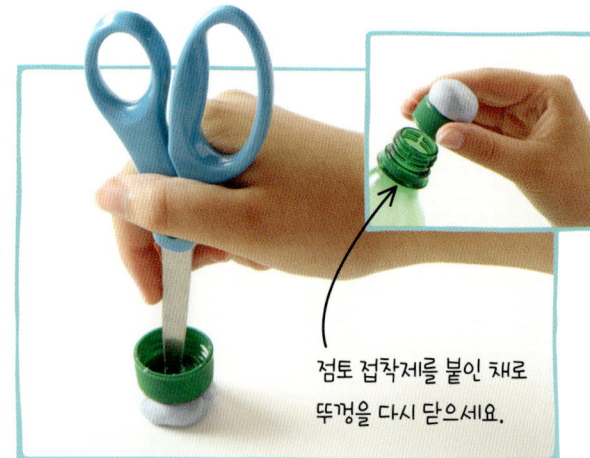

점토 접착제를 붙인 채로 뚜껑을 다시 닫으세요.

1 점토 접착제 위에 페트병 뚜껑을 거꾸로 올려놓으세요. 가위를 이용해 뚜껑 가운데에 너비 약 3mm 정도의 구멍을 만드세요.

만약 어렵다면 부모님과 함께하세요.

2 가위로 페트병 바닥을 자르세요. 이때 삐뚤어지지 않도록 최대한 바르게 자르세요.

모래추 27

펀치를 사용하면 깔끔하게 구멍을 뚫을 수 있습니다.

3 펀치를 이용해 위 사진처럼 페트병에 일정한 간격으로 세 개의 구멍을 뚫으세요. 가위로 자른 가장자리에서 약 1cm만큼 떨어진 곳에 뚫으면 됩니다.

4 자를 이용해 줄을 약 25cm 길이로 자르세요.

매듭을 확실하게 만드세요.

5 과정 3에서 뚫은 구멍 중 페트병의 두 개의 구멍에 줄을 넣고 묶어서 고리를 만드세요.

6 이번에는 줄을 약 2m 길이로 자르세요. 줄의 한쪽 끝을 남은 페트병의 구멍에 넣고 묶으세요.

페트병이 기울지 않고 똑바로 매달릴 수 있도록 매듭의 위치를 조절하세요.

7 과정 6에서 연결한 긴 줄을 과정 5에서 만든 고리에 묶으세요. 이때 위의 사진처럼 각 구멍과 연결된 줄의 길이가 같아야 합니다. 이렇게 해야 줄을 잡았을 때 페트병이 기울지 않고 수직으로 매달립니다.

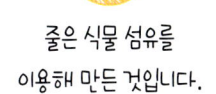

줄은 식물 섬유를 이용해 만든 것입니다.

28　1. 힘과 운동

8 부모님의 도움을 받아 과정 7에서 만든 페트병 추를 나뭇가지나 천장처럼 높은 곳에 다세요. 페트병의 뚜껑이 지면에서 약 4~5cm 정도 떨어지도록 합니다. 준비한 모래나 소금을 페트병 안에 부으세요.

9 테이프로 색 도화지를 연결해 하나의 커다란 종이를 만드세요. 이 종이를 추 아래에 까세요.

줄과 매듭 사이의 마찰력, 페트병과 공기 사이의 저항력 때문에 추는 점점 에너지를 잃습니다.

10 뚜껑에 붙여 놓았던 점토 접착제를 떼고 페트병을 옆으로 밀어 빙빙 돌리세요. 모래가 다 떨어지면 바닥에 깐 종이를 접어서 모래를 다시 페트병 안에 넣으세요. 그리고 나서 다시 추를 움직여 실험해 볼 수도 있습니다.

페트병은 타원 모양으로 움직입니다.

추가 에너지를 잃을수록 타원은 점점 작아집니다.

이렇게도 해 봐요!

1580년대 이탈리아의 과학자 갈릴레오는 추가 한 번 왕복하는 데 걸리는 시간이 추를 매단 줄의 길이와 관련 있다는 사실을 알아냈습니다. 이 발견은 추시계의 발명으로 이어졌지요. 여러분이 만든 추의 길이를 다르게 한 다음, 추가 왕복하는 데 걸리는 시간이 어떻게 다른지 살펴보세요. 또 오른쪽 사진처럼 줄을 Y자 모양으로 만들어서 추의 움직임을 복잡하게 만들 수도 있습니다. 이렇게 만들면 추가 한쪽으로는 짧게, 다른 한쪽으로는 길게 움직이며 리사주 곡선이라고 불리는 아름다운 무늬를 그립니다. Y자 모양의 매듭 위치를 바꾸면 또 다른 리사주 곡선을 그릴 수 있습니다.

매듭의 위치를 바꾸면 또 다른 모래 무늬를 그릴 수 있습니다.

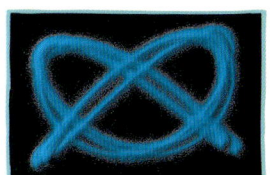
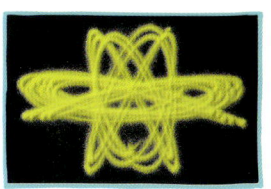

원리 파헤치기

가만히 있는 추를 당겼다가 놓으면 추는 에너지를 다 쓸 때까지 왕복합니다. 앞의 실험처럼 추를 옆으로 밀면 추는 타원 모양으로 계속 방향을 바꾸며 흔들립니다. 움직이는 물체는 외부에서 힘이 작용할 때만 방향을 바꿉니다. 이 실험에서는 중력이 추를 다시 중앙으로 오도록 끌어당기지요. 하지만 추는 옆으로 움직이는 힘과 줄이 추를 잡아당기는 힘 때문에 바로 중앙으로 돌아오지 못합니다. 그러다 점점 마찰 때문에 에너지를 잃고 그 결과 천천히 안쪽으로 나선을 그리며 움직이는데요. 이때 모래는 그 경로를 따라 아름다운 그림을 그리게 됩니다.

우리 주변의 과학
과학: 인공위성

행성 주위에서 궤도를 비행하는 인공위성은 모래추처럼 타원형 또는 원형으로 움직입니다. 이때 작용하는 힘은 단 하나입니다. 바로 중력이지요. 중력은 인공위성을 안쪽으로 끌어당기는데, 이 힘은 인공위성이 우주 밖으로 날아가지 않도록 하면서 지구 주위를 끊임없이 곡선으로 돌게 합니다.

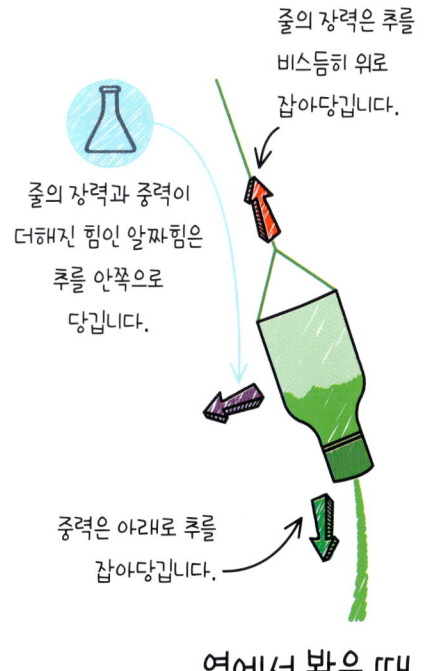

줄의 장력은 추를 비스듬히 위로 잡아당깁니다.

줄의 장력과 중력이 더해진 힘인 알짜힘은 추를 안쪽으로 당깁니다.

중력은 아래로 추를 잡아당깁니다.

옆에서 봤을 때

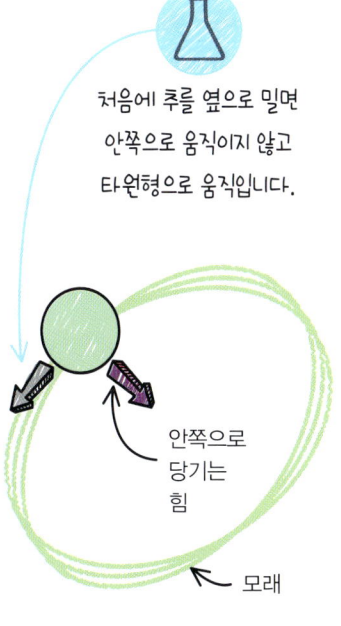

처음에 추를 옆으로 밀면 안쪽으로 움직이지 않고 타원형으로 움직입니다.

안쪽으로 당기는 힘

모래

위에서 봤을 때

에너지 전환
풍력 발전용 터빈

아주 큰 날개가 천천히 회전하는 것을 본 적이 있나요? 날개는 바람이 가진 에너지를 이용해 돌아갑니다. 날개가 달린 탑 안에는 전기 발전기가 있습니다. 이 발전기는 풍력 에너지를 전기 에너지로 전환시켜 집이나 사무실, 공장, 학교 등에 전기를 공급해 줍니다. 이번 실험에서는 직접 풍력 발전용 터빈을 만들고 종이컵으로 날개를 만들어 어떻게 바람을 이용해 에너지를 만드는지 알아볼 것입니다.

날개가 크면 클수록 공기를 밀어내는 면적이 커서 터빈은 더 많은 에너지를 얻을 수 있습니다.

풍력 발전용 터빈 만들기

터빈 만들기에서 가장 중요한 사실은 날개가 비스듬히 달려 있어서 바람의 방향을 바꾼다는 것입니다. 날개는 종이컵으로 만들기 때문에 자연스럽게 휘어져 있습니다. 때문에 종이컵 날개는 바람의 방향을 바꿀 수 있고 잘 돌아갑니다. 터빈을 만들 때 접착제가 완전히 마를 수 있도록 충분한 시간을 두고 만드세요.

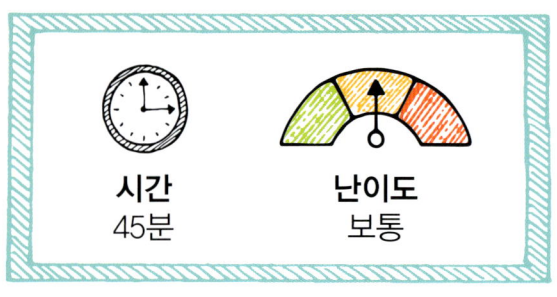

시간 45분　**난이도** 보통

준비물

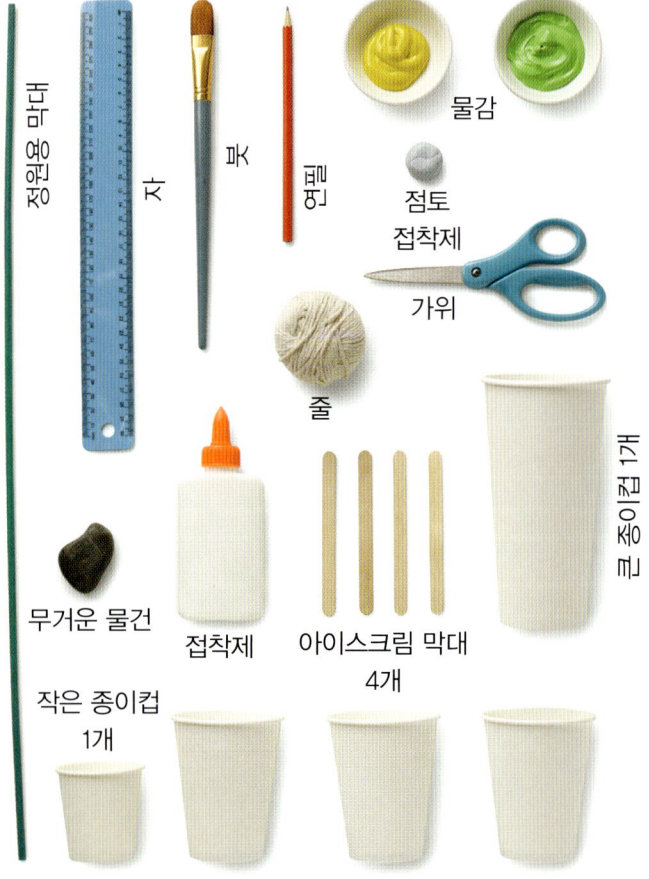

정원용 막대, 자, 붓, 연필, 물감, 점토 접착제, 가위, 줄, 무거운 물건, 접착제, 아이스크림 막대 4개, 큰 종이컵 1개, 작은 종이컵 1개, 중간 종이컵 3개

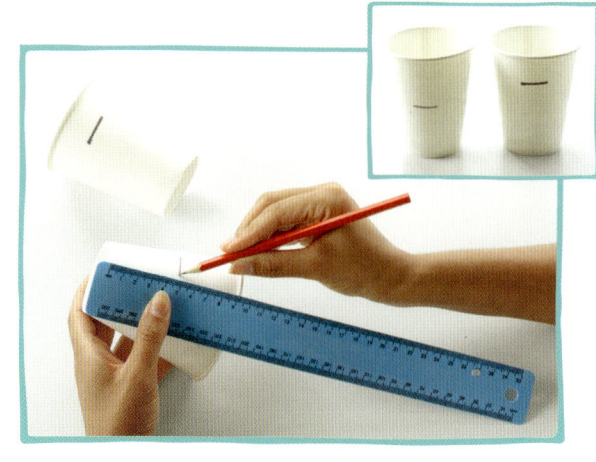

1 중간 크기의 종이컵 두 개를 준비한 다음, 위 사진처럼 하나는 바닥에서 7cm 떨어진 곳에, 또 다른 하나는 바닥에서 5cm 떨어진 곳에 선을 그리세요.

2 가위로 과정 1에서 그린 선을 따라 자르세요. 자르고 남은 윗부분은 버리세요.

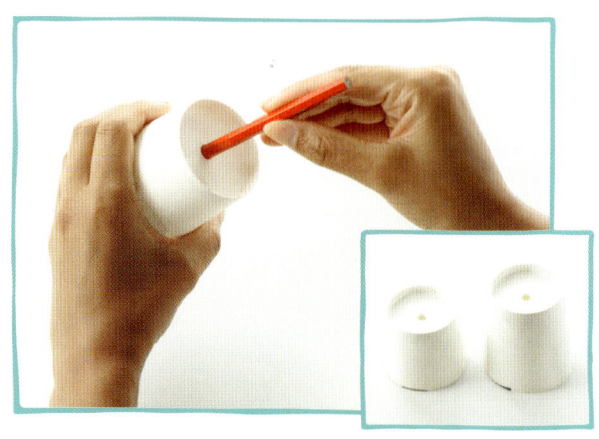

3 연필의 날카로운 부분을 이용해 과정 2에서 만든 종이컵 바닥에 구멍을 뚫으세요. 이때 손을 찔리지 않게 조심하세요.

풍력 발전용 터빈　33

사진처럼 작은 종이컵은 뒤집어서 넣으세요.

4 구멍을 뚫은 종이컵 중 작은 종이컵을 큰 종이컵 안에 끼우세요. 종이컵이 만나는 부분에 위 사진처럼 접착제를 바르고 고정하세요. 풀이 완전히 마를 때까지 기다리세요.

5 연필로 정원용 막대 한쪽 끝에서부터 약 25cm만큼 떨어진 곳에 점을 찍으세요.

가위로 막대에 자국을 내세요.

6 가위로 점을 찍은 부분에 자국을 낸 후, 꺾어서 부러뜨리세요. 어렵다면 부모님께 도움을 요청하세요.

정원용 막대는 터빈의 축 역할을 합니다. 이 축이 있기 때문에 바람 에너지가 전기 에너지로 전환됩니다.

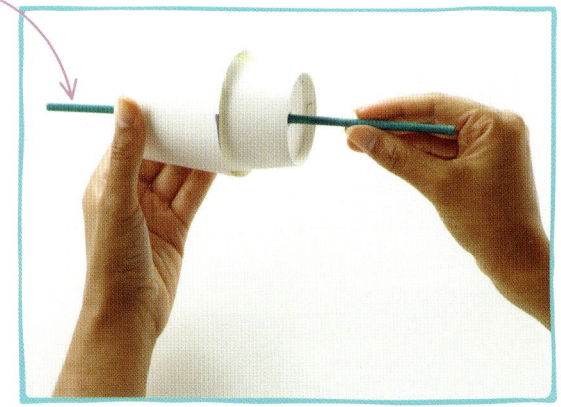

7 과정 6에서 만든 막대를 과정 4에서 만든 종이컵의 구멍에 밀어 넣으세요.

8 자르지 않은 큰 종이컵을 거꾸로 놓으세요. 위 사진처럼 아이스크림 막대를 양쪽에 붙이세요. 이때 종이컵 위로 올라온 막대의 길이가 같아야 합니다.

9 접착제가 말라 막대가 컵에 단단히 붙을 때까지 기다리세요. 다 마르고 나면 접착제를 막대 안쪽에 바르세요.

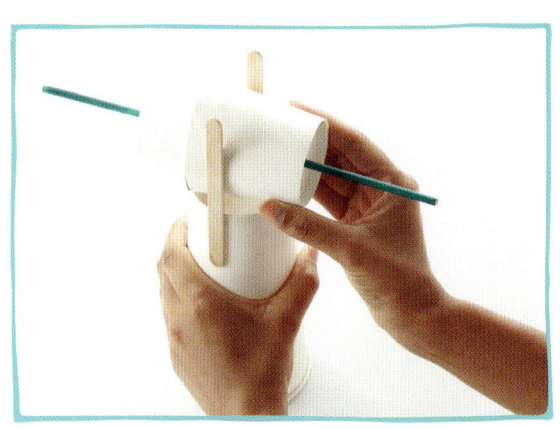

10 과정 7에서 만든 종이컵을 아이스크림 막대 사이에 끼워 고정하세요. 접착제가 마르는 동안 가만히 두세요.

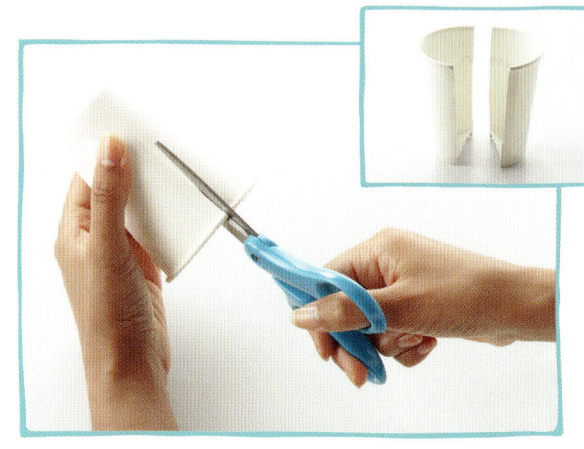

11 터빈의 날개를 만들기 위해 남은 중간 크기의 컵 하나를 준비하세요. 위 사진처럼 가위로 종이컵을 반으로 자르세요.

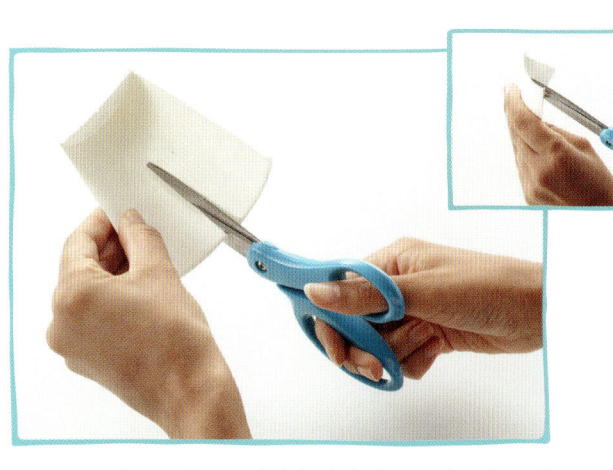

12 반으로 자른 종이컵을 다시 반으로 자르세요. 이제 똑같은 조각 네 개가 준비되었습니다. 바닥 부분도 모두 자르세요.

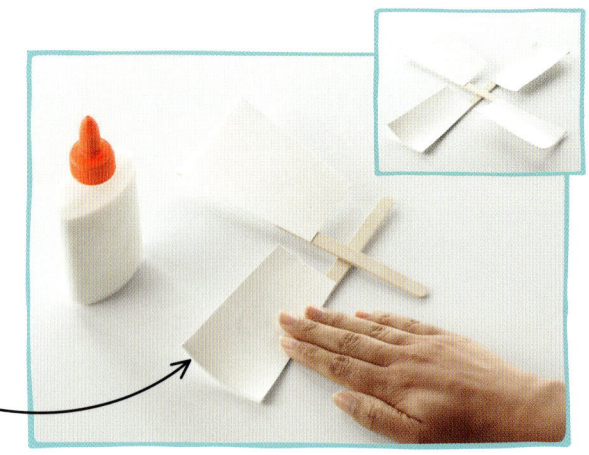

날개가 모두 같은 방향을 향하도록 하세요.

13 아이스크림 막대 가운데에 접착제를 바르고 다른 막대기에 붙여서 십자가 모양을 만드세요. 날개 한쪽 끝에 접착제를 바르고 위의 사진처럼 아이스크림 막대에 붙이세요.

실제 풍력 발전기에서는 바람이 불어오는 곳이면 어디든 날개가 축을 따라 움직일 수 있습니다.

14 점토 접착제를 막대 중앙에 붙이세요. 날개를 축에 고정시키는 역할을 합니다.

15 날개를 터빈과 연결시키기 위해 축 한쪽 끝에 점토 접착제를 붙이세요.

풍력 발전용 터빈   35

컵 안에 점토 접착제를 받쳐서 손이 다치지 않도록 하세요.

16 작은 종이컵을 준비하세요. 연필로 컵 윗부분에 같은 간격의 작은 구멍 세 개를 만드세요. 이 종이컵으로 짐을 담는 양동이를 만들 것입니다.

이 줄은 양동이의 손잡이입니다.

17 터빈과 양동이를 연결하기 위해 줄을 약 12cm 정도로 자르세요. 양동이의 구멍 두 개에 위 사진처럼 줄을 끼우고 매듭을 지으세요.

18 줄을 약 40cm 길이로 자르세요. 남은 구멍에 줄을 끼우고 과정 **17**에서 만든 줄 가운데에 묶으세요.

날개는 휘어져 있기 때문에 바람을 가르며 회전합니다.

축의 가장자리를 다듬은 다음, 점토 접착제로 덮으세요.

19 긴 줄의 남은 한쪽을 축에 묶으세요. 이때 테이프를 이용해 줄이 풀리지 않도록 고정하세요.

20 완성된 터빈을 원하는 색으로 칠하고 꾸미세요.

1. 힘과 운동

휘어진 날개는 바람의 운동 에너지를 날개의 운동 에너지로 전환시킵니다.

양동이에 물건을 넣었을 때, 발전기가 넘어진다면 밑에 점토를 붙이세요. 점토는 발전기의 무게를 늘려 넘어지지 않도록 합니다.

21 이제 터빈을 시험해 봅시다. 무게가 있는 물건을 양동이에 넣고 날개를 바람이 부는 곳에 두었을 때, 얼마나 빨리 양동이가 올라가는지 살펴보세요. 만약 바람이 불지 않는다면 선풍기나 헤어 드라이어를 사용할 수 있습니다. 바람이 멈춘다면 양동이는 어떻게 될까요? 바닥으로 떨어질까요? 아니면 마찰 때문에 제자리에 있을까요?

양동이에 여러 가지 물건을 넣어 풍력 발전용 터빈이 얼마나 무거운 물체를 들 수 있는지 확인해 보세요.

이렇게도 해 봐요!

만약 바람의 속도를 조절할 수 있는 선풍기를 가지고 있다면, 바람의 속도가 증가함에 따라 터빈이 양동이를 얼마나 빨리 들어 올리는지 살펴볼 수 있습니다. 날개의 모양을 달리 만들어서 어떤 날개가 가장 빨리 회전하는지도 찾아보세요. 이때 날개 모양에 따라 어떤 차이가 있는지 알아보려면 바람의 속도는 실험마다 똑같아야 합니다. 또 여러분이 만든 터빈은 얼마나 무거운 물체를 들 수 있는지 확인해 보세요.

더 큰 날개

더 큰 종이컵을 사용해 앞에서 만든 날개보다 더 큰 날개를 만들어 보세요.

더 많은 날개

아래 사진처럼 세 개의 아이스크림 막대를 교차해서 만들어 보세요. 두 개의 종이컵을 잘라 더 많은 날개를 만들 수 있습니다.

원리 파헤치기

바람은 공기가 움직이는 것입니다. 바람은 태양이 지표면을 골고루 데우지 않기 때문에 발생합니다. 더운 지역에서 따뜻한 공기는 위로 올라가고 차가운 공기는 따뜻한 공기가 있던 자리를 채우기 위해 움직입니다. 이런 공기의 움직임이 바로 바람이지요. 예를 들어 육지는 바다보다 더 빨리 뜨거워집니다. 그래서 화창한 날 아침에는 바다에서 육지 방향으로 바람이 불지요. 풍력 발전기는 바람의 운동 에너지를 이용해 발전기를 돌려 전기 에너지를 만듭니다.

육지는 바다보다 더 빠르게 뜨거워집니다.

육지 위의 공기는 따뜻해지면서 위로 올라갑니다.

높은 곳에서 따뜻한 공기는 점점 식어서 아래로 내려옵니다.

차가운 공기는 따뜻한 공기가 있던 자리를 채우기 위해 이동합니다. 이것이 바로 바람입니다.

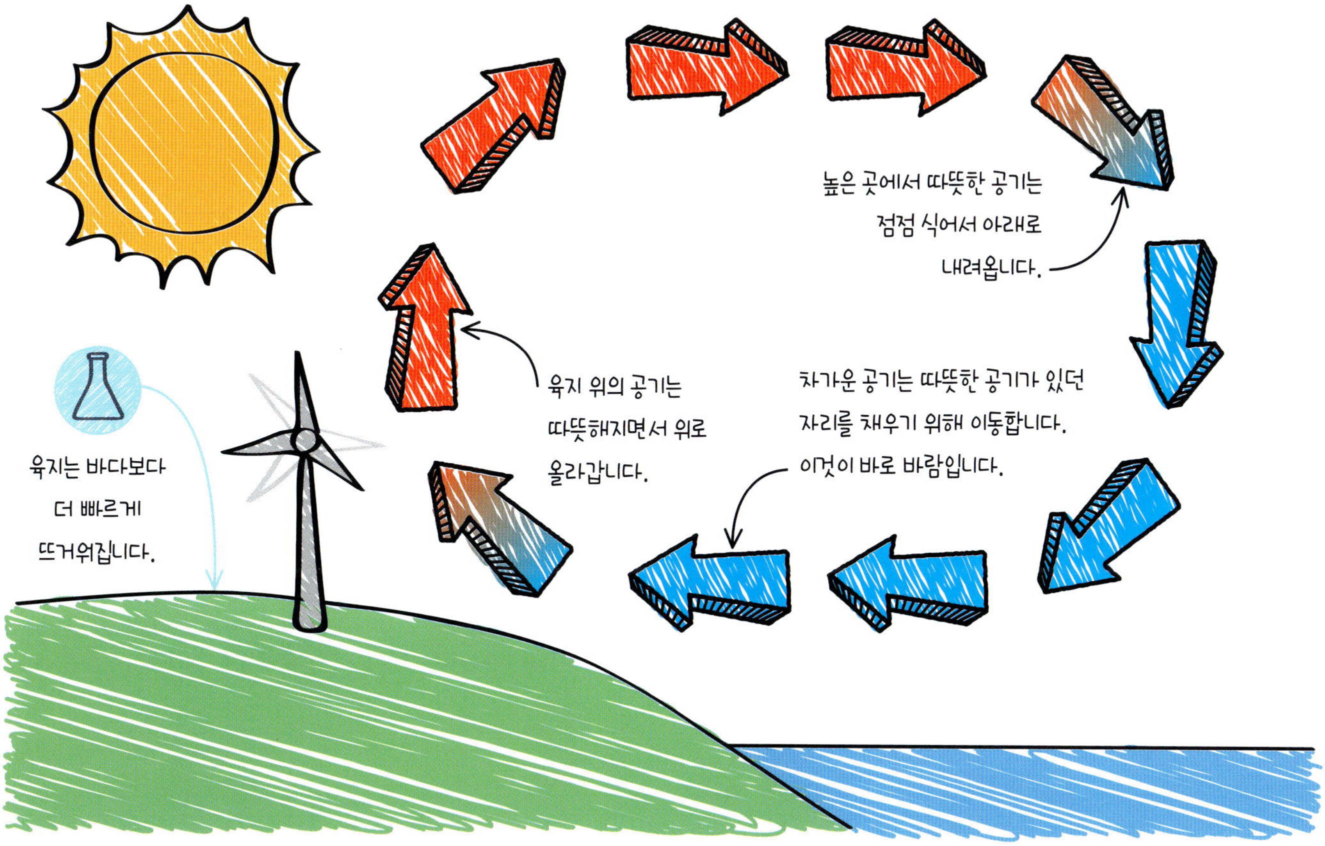

우리 주변의 과학
기술: 전력

풍력 발전용 터빈은 바람의 운동 에너지를 사용하여 전기 에너지를 만듭니다. 바람은 터빈의 날개를 돌려 중심축에 있는 발전기를 회전시킵니다. 발전기는 전기 에너지를 만들고 전력을 공급하지요. 그래서 풍력 발전용 터빈은 언덕 꼭대기나 해안가처럼 바람이 많이 부는 지역에서 많은 에너지를 생산합니다.

운동과 기류
공중에 뜨는 공

물체가 공중에 뜨는 것, 즉 공중 부양은 물체가 어떤 지지대도 없이 공중에 뜨는 것을 말합니다. 마술사들은 신비로운 힘으로 물체를 공중에 뜨도록 한다고 말합니다. 물론 이것은 진짜 마법이 아니지요. 대부분은 보이지 않는 줄을 이용해 물체를 들고 있는 것입니다. 이번 실험에서 여러분은 줄을 연결하거나 지지대를 쓰지 않고도 탁구공이 공중에 뜨도록 할 수 있습니다. 물론 과학 원리를 이용해서요! 이때 탁구공은 서로 반대로 작용하는 힘에 의해 공중에 떠 있습니다.

넓은 관을 통해 공기를 불어 넣으면 좁은 빨대를 통해 공기가 빠르게 흘러나옵니다.

공이 빨대 끝에 있지 않더라도 빨대를 통해 나온 공기가 공을 받쳐 줍니다.

공중에 뜨는 공 만들기

탁구공을 공중에 띄우려면 공기를 아주 빠르게 내뿜어야 합니다. 이번 실험에서는 빨대와 연결된 종이관을 불어 강하고 빠른 공기의 흐름을 만들 것입니다. 공기를 강력하게 내뿜으려면 종이관이나 빨대에 공기가 새는 부분이 있으면 안 됩니다.

시간 20분

난이도 쉬움

준비물

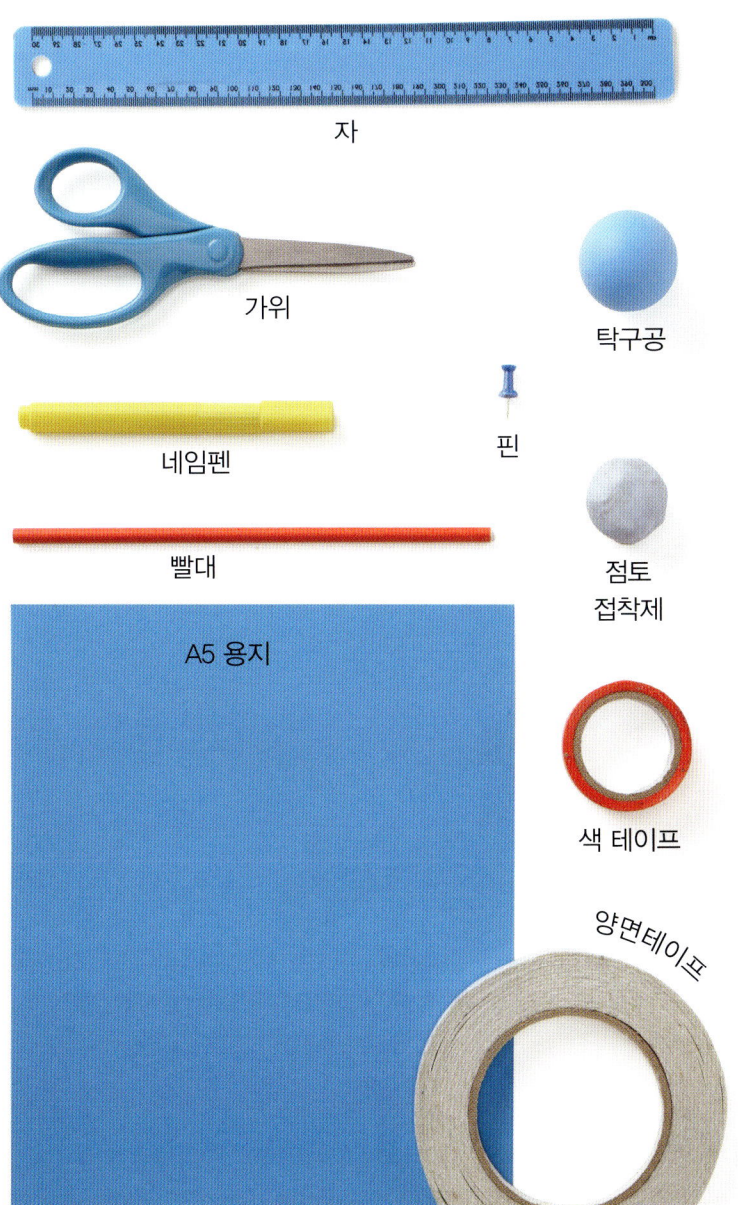

자
가위
탁구공
네임펜
핀
점토 접착제
빨대
A5 용지
색 테이프
양면테이프

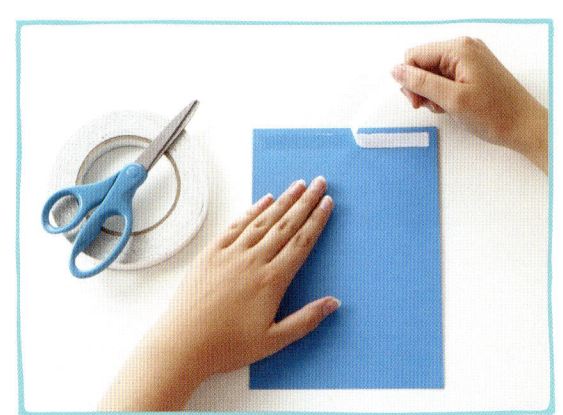

1 A5 용지의 짧은 쪽에 양면테이프를 붙인 다음 테이프의 보호필름을 벗기세요.

2 위 사진처럼 테이프를 붙이지 않은 쪽에 펜을 넣고 테이프를 붙인 쪽까지 돌돌 말아 관을 만드세요. 끝까지 말았다면 양면테이프를 꼭 눌러 단단하게 해 주세요. 다 만들면 펜은 관에서 빼세요.

40 1. 힘과 운동

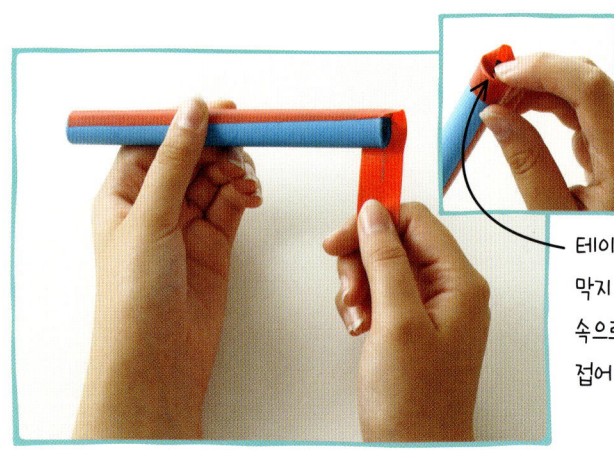

테이프가 구멍을
막지 않도록
속으로 깔끔하게
접어 넣으세요.

3 위 사진처럼 색 테이프를 관의 가장자리에 붙이고 한쪽 끝도 둘러싸세요.

4 과정 3에서 테이프를 붙인 쪽의 반대편 끝을 색 테이프로 완전히 막으세요. 반대쪽에서 공기를 불어도 빠져 나가지 않을 정도로 튼튼하게 붙여야 합니다.

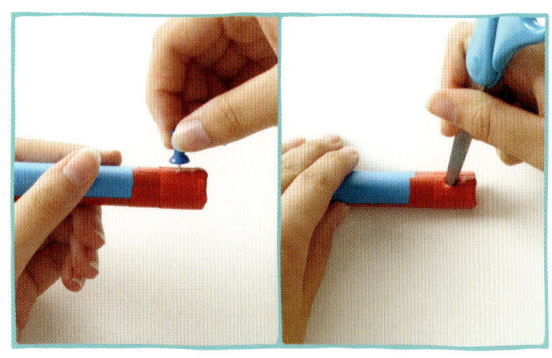

5 관을 완전히 막은 쪽의 테이프 위로 핀을 이용해 위 사진처럼 구멍을 뚫으세요. 가위를 이용해 구멍을 살짝 더 크게 만드세요.

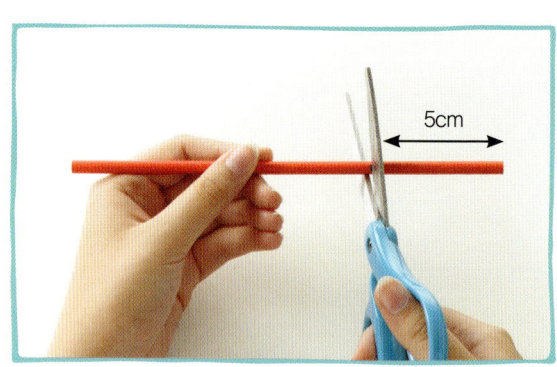

6 빨대를 약 5cm 길이로 자르고, 남은 부분은 재활용 하세요.

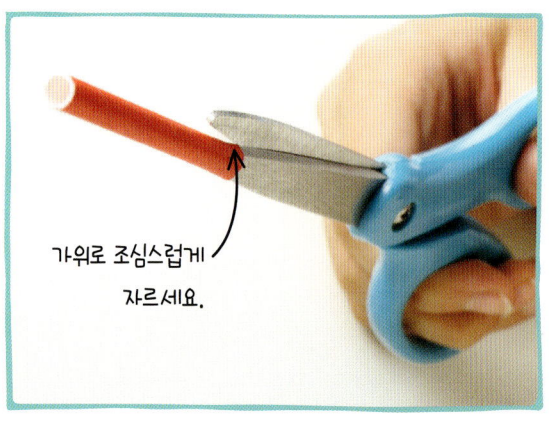

가위로 조심스럽게
자르세요.

7 빨대 한쪽 끝 두 곳을 약 1cm~1.5cm만큼 자르세요. 잘라서 만든 조각을 접어 올려 덮개를 만드세요.

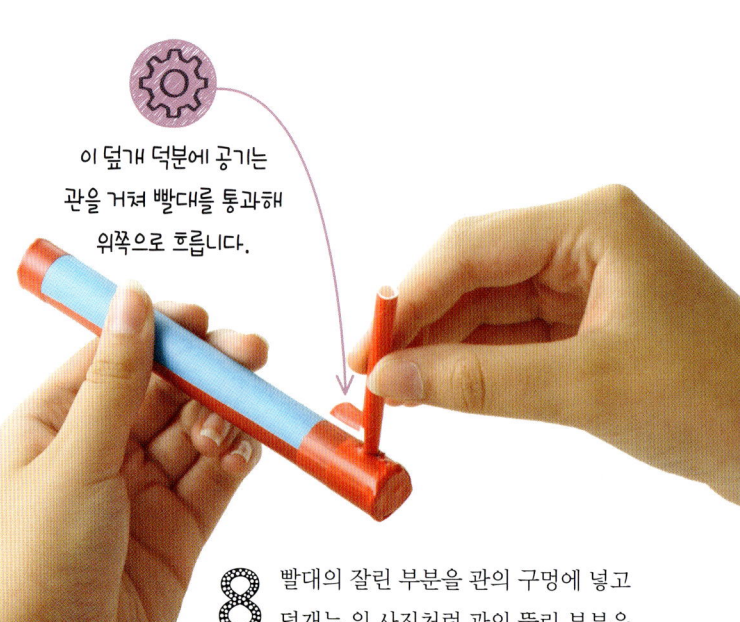

이 덮개 덕분에 공기는
관을 거쳐 빨대를 통과해
위쪽으로 흐릅니다.

8 빨대의 잘린 부분을 관의 구멍에 넣고 덮개는 위 사진처럼 관의 뚫린 부분을 향하게 하세요.

공중에 뜨는 공   41

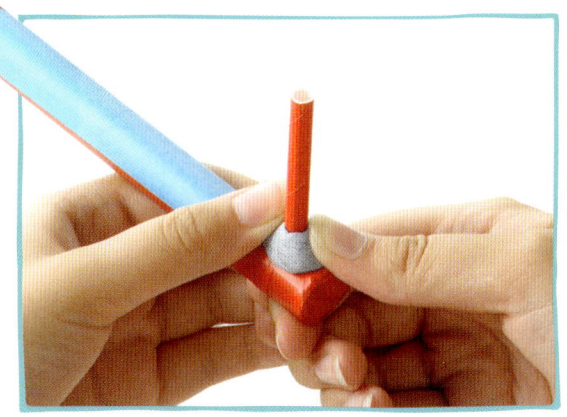

10 이제 탁구공을 공중에 띄울 준비가 되었습니다. 탁구공을 빨대 위에 놓고 관에 바람을 불어 보세요. 탁구공은 어떻게 되나요?

9 색 테이프로 덮개를 관에 고정시키세요. 점토 접착제를 이용해 빨대와 관이 만나는 부분을 사진처럼 막으세요. 너무 세게 누르면 빨대의 통로를 막을 수 있으니 공기가 새어 나가는 곳만 막으면 됩니다.

공기가 넓은 관에서 좁은 빨대로 움직일 때 속도는 빨라집니다.

원리 파헤치기

관에 바람을 불어 넣으면 관과 빨대를 통과한 공기가 탁구공을 밀어 올립니다. 관을 살짝 기울여도 탁구공은 떨어지지 않지요. 왜냐하면 공기가 탁구공처럼 둥근 물체의 주위를 흐를 때 표면을 타고 곡선 모양으로 흐르다가 물체를 지나면 옆으로 휘어지기 때문입니다. 이때 탁구공 주변으로 공기가 휘어져 흐르기 때문에 탁구공을 밀어내는 힘(반작용)이 생깁니다. 이 때문에 탁구공은 떨어지지 않지요.

우리 주변의 과학
과학: 돛의 힘

돛은 바람의 방향을 바꾸어 요트가 앞으로 나아갈 수 있도록 합니다. 바람이 돛에 부딪히면 돛의 구부러진 면을 따라 바람의 방향이 꺾입니다. 이 때문에 요트나 배를 반대 방향으로 미는 힘(반작용)이 생기지요. 돛의 각도를 적당히 조절하면 어떤 방향으로든 움직일 수 있습니다. 심지어 바람 속으로도 움직일 수 있어요!

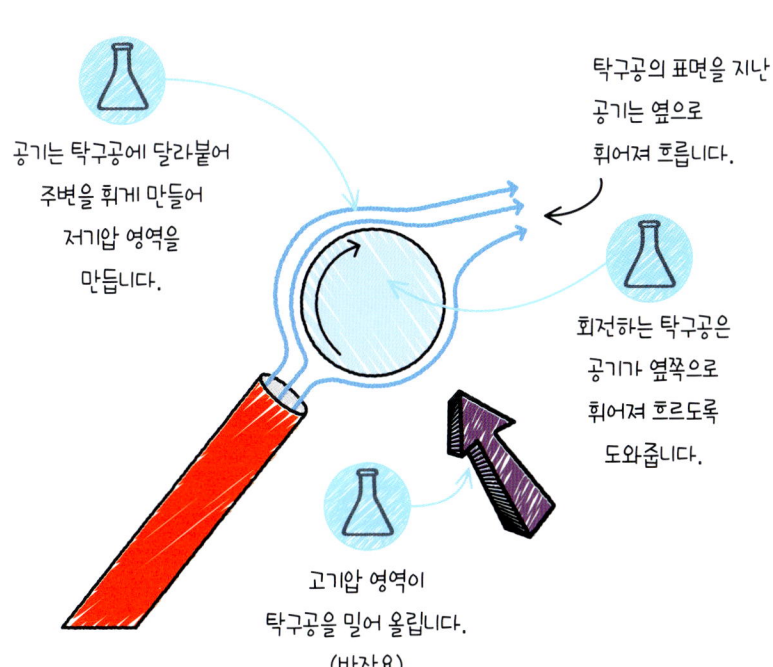

공기는 탁구공에 달라붙어 주변을 휘게 만들어 저기압 영역을 만듭니다.

탁구공의 표면을 지난 공기는 옆으로 휘어져 흐릅니다.

회전하는 탁구공은 공기가 옆쪽으로 휘어져 흐르도록 도와줍니다.

고기압 영역이 탁구공을 밀어 올립니다.
(반작용)

손잡이를 돌려서 짐을 들어 올리세요.

물건을 들어 올리는 부분을 팔 또는 지브라고 부릅니다.

지브를 받치고 있는 타워 안에 숨겨진 구슬은 지브가 자유롭게 회전할 수 있도록 합니다.

크레인이 들어 올리는 물체를 짐(하중)이라고 합니다.

무거운 짐 들기
타워 크레인

큰 건물을 짓는 건축 현장에서 기중기를 볼 수 있는데 보통 타워 크레인이라고 불립니다. 타워 크레인은 아주 무거운 짐을 들어 떨어뜨리지 않고 안전하게 옮길 수 있습니다. 이번 실험에서 직접 모형을 만들어 타워 크레인에 숨어 있는 놀라운 과학 원리를 탐구해 봅시다.

타워 크레인 만들기

이번 실험은 꽤 많은 단계를 거쳐야 합니다. 특히 크레인 꼭대기에 수평으로 된 지브를 만드는 것이 어렵습니다. 포기하지 말고 천천히 따라해 보세요. 지브는 이쑤시개로 고정된 두 장의 골판지로 만들 것입니다. 지브를 받치는 타워는 무거운 재료를 사용해 쓰러지지 않도록 만듭니다.

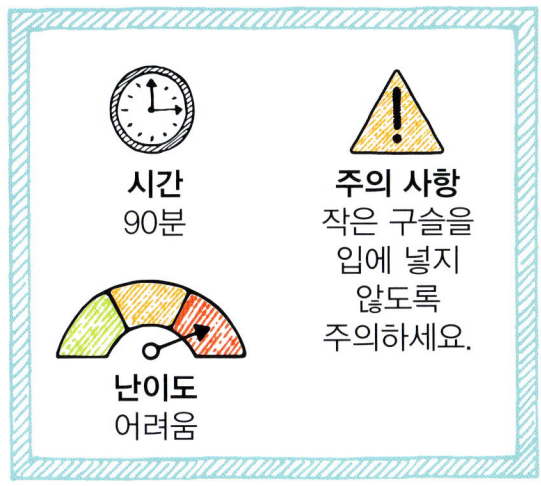

시간 90분

주의 사항 작은 구슬을 입에 넣지 않도록 주의하세요.

난이도 어려움

준비물

- 작은 바구니
- 줄
- 페트병 뚜껑
- 물감
- 강력 테이프
- 이쑤시개
- 고무찰흙
- 점토 접착제
- 구슬
- 큰 종이컵 2개
- 집게
- 가위
- 접착제
- 연필
- 붓
- 나무 꼬치
- 커다란 화분과 받침대
- 모래
- 물 가득 채운 큰 페트병
- 자
- 골판지 (40×30cm)

병이 화분 안에 들어가는지 확인하세요.

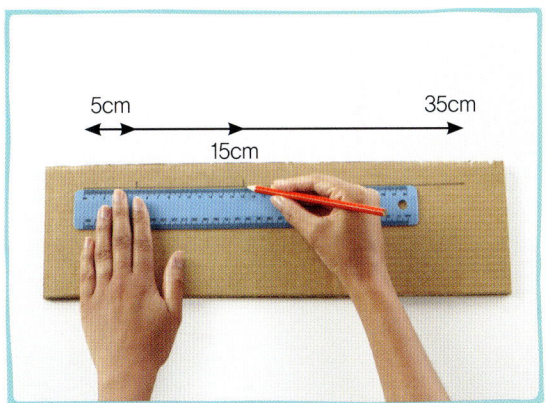

1 자를 이용해 골판지 위쪽에 길이 35cm의 선을 그리세요. 선의 왼쪽 끝부분에서 각각 5cm, 15cm만큼 떨어진 곳에 연필로 표시하세요.

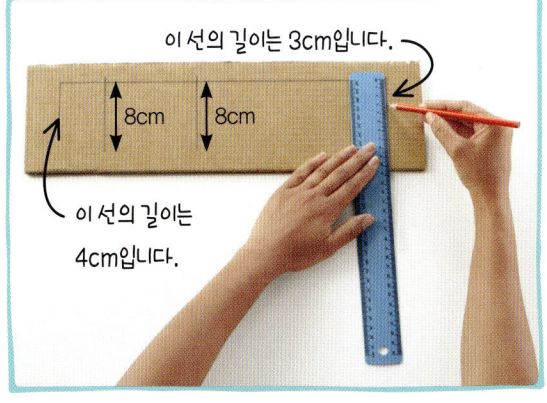

2 이제 수직선 네 개를 그릴 차례입니다. 위의 사진을 참고하여 선의 왼쪽 끝에 4cm, 연필로 표시한 두 곳에 각각 8cm, 오른쪽 끝에 3cm 길이의 선을 그리세요.

44 1. 힘과 운동

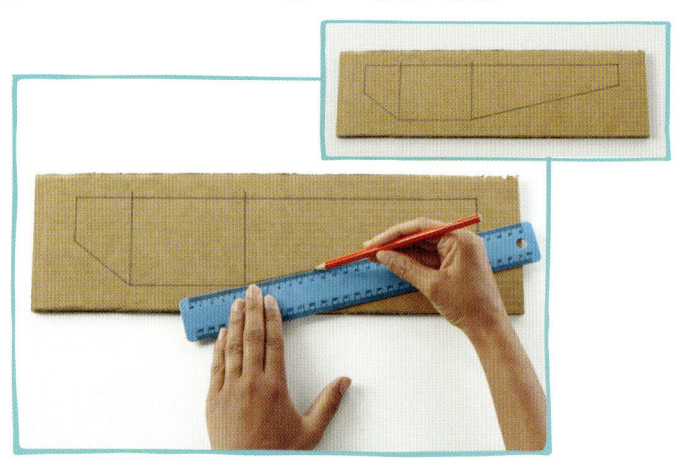

3 위의 사진을 참고하여 과정 2에서 그린 네 개의 수직선을 연결하세요. 지브 한쪽이 완성되었습니다.

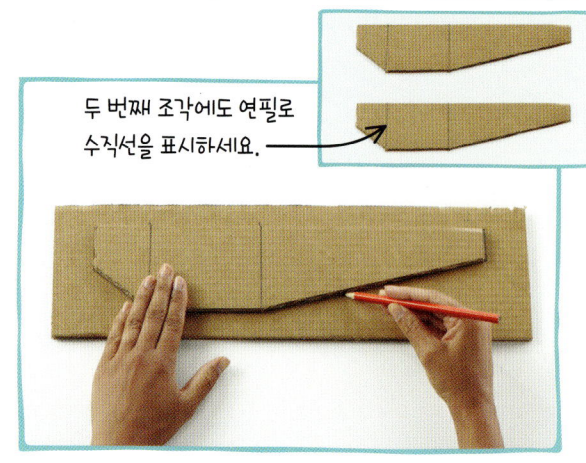

두 번째 조각에도 연필로 수직선을 표시하세요.

4 가위로 과정 3의 도안을 자른 후, 이를 이용해 다른 골판지에 똑같은 조각을 만드세요.

직사각형 부분 정가운데에 점을 찍으세요.

5 위 사진처럼 직사각형 정가운데에 점을 찍으세요. 조각 가장자리에도 일정한 간격으로 점을 찍으면 됩니다.

이쑤시개의 뾰족한 부분을 조심하세요.

점토 접착제를 조각 아래에 놓아 책상과 손을 보호하세요.

6 두 개의 골판지 조각을 겹쳐 놓고, 점을 찍은 곳에 이쑤시개를 꽂으세요.

이 부분의 이쑤시개를 먼저 제거하세요.

7 직사각형 가운데에 있는 이쑤시개를 먼저 제거하세요. 오른쪽 사진처럼 위에 놓은 조각을 살짝 잡아당겨 이쑤시개의 끝부분만 튀어나올 정도로 만드세요. 이때 두 조각은 서로 평행한 상태입니다.

이쑤시개와 골판지 사이의 마찰 때문에, 이쑤시개는 빠지거나 움직이지 않습니다.

타워 크레인　45

8 이쑤시개 끝에 접착제를 살짝 바르세요. 한쪽에 먼저 접착제를 바르고 완전히 말린 후, 반대쪽에도 똑같이 접착제를 바르세요.

9 지브의 밑면을 만들기 위해 골판지에 가로 10cm, 세로 8cm인 직사각형을 그리세요.

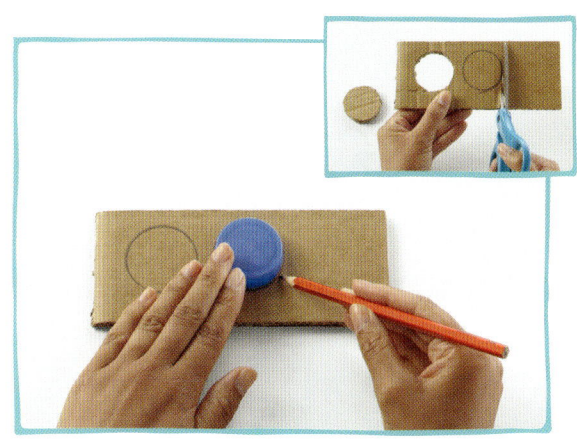

10 지브를 위의 사진처럼 뒤집은 다음 직사각형 부분의 가장자리에 접착제를 바르세요. 과정 9에서 만든 직사각형 조각을 접착제를 바른 곳에 단단히 붙이고 말리세요.

11 크레인의 손잡이를 만들 차례입니다. 페트병 뚜껑을 이용해 똑같은 원형 조각을 두 개 그리고, 조심스럽게 자르세요.

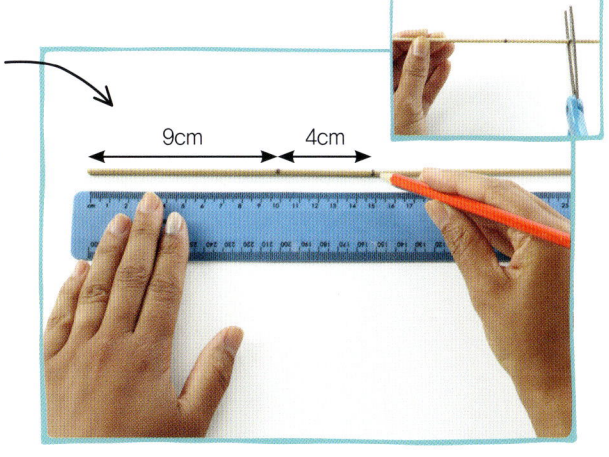

12 나무 꼬치를 이용해 조각 가운데에 구멍을 뚫으세요. 두 조각 중 한 조각에는 가장자리 근처에 구멍을 하나 더 뚫으세요.

13 자를 이용해 나무 꼬치를 9cm, 4cm로 자르세요. 먼저 가위로 살짝 자국을 낸 다음 부러뜨리세요.

1. 힘과 운동

14 과정 13에서 만든 나무 꼬치 조각을 구멍이 두 개인 원형 조각에 꽂으세요. 작은 사진처럼 꽂은 자리 양쪽에 접착제를 바르세요.

나무 꼬치 조각과 원형 조각으로 짐을 들어 올리는 데 사용할 크랭크를 만들 수 있습니다.

15 긴 나무 꼬치를 지브의 직사각형 가운데에 있는 구멍에 끼우세요. 쭉 밀어넣어 반대편으로 나오도록 합니다. 남은 원형 조각을 접착제를 이용해 반대쪽에 붙이세요.

16 점토 접착제를 작은 공 모양으로 만들어서 이쑤시개의 뾰족한 부분을 모두 덮으세요.

17 종이컵 바닥에 접착제를 바른 후, 지브를 뒤집어 위 사진처럼 붙이세요. 접착제가 충분히 마를 때까지 기다리세요.

18 지브와 종이컵을 원하는 색으로 칠하세요. 여기서는 노란색 물감과 회색 물감을 사용했어요.

물감을 두 번 칠해 깔끔하게 만들어 보세요.

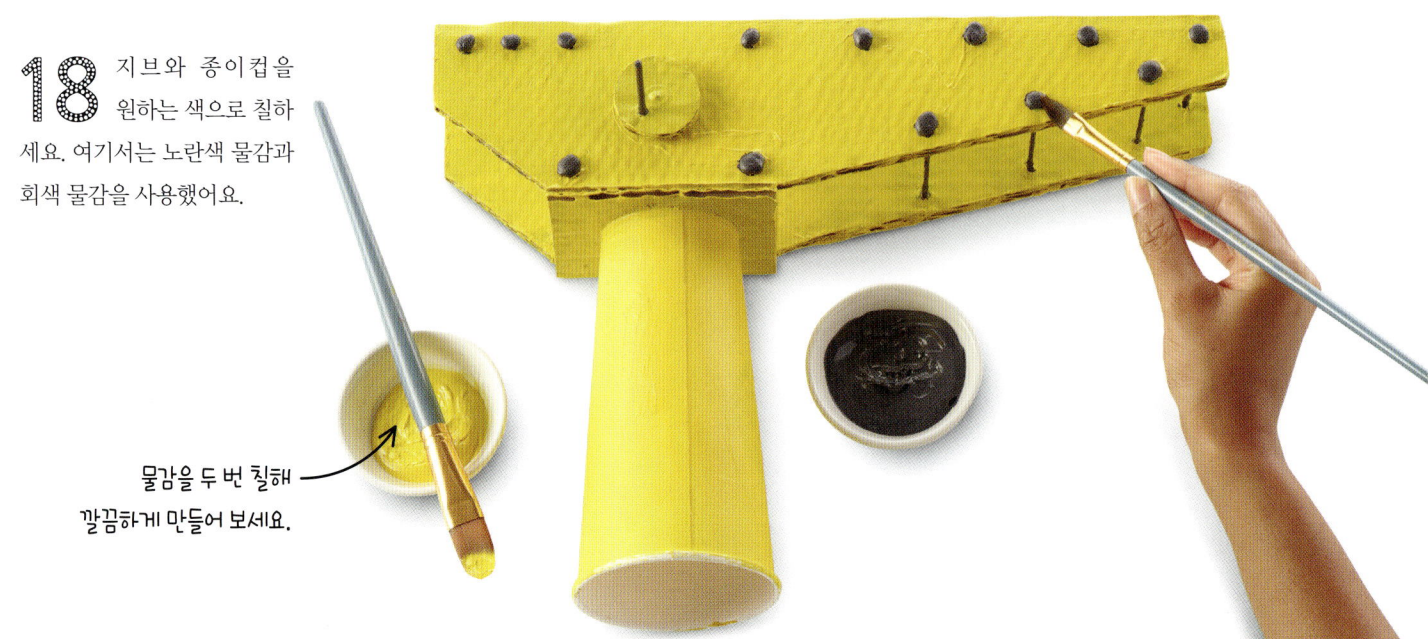

타워 크레인 **47**

19 줄을 1m 길이로 잘라 한쪽 끝을 크랭크 중앙에 묶으세요. 사진처럼 줄이 지브에 꽂힌 이쑤시개 사이로 나오도록 하세요.

크랭크 중앙에 매듭을 지으세요.

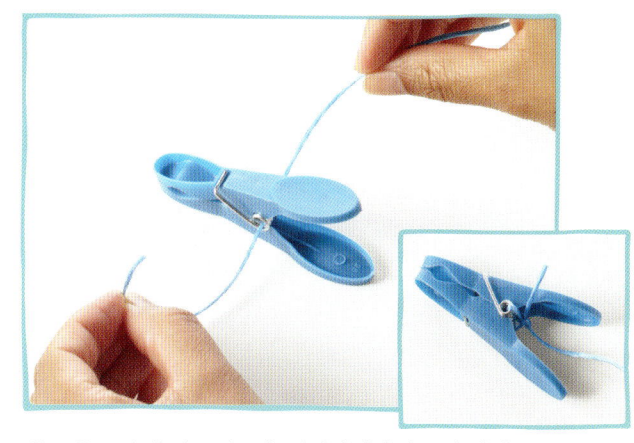

20 줄의 다른 한쪽을 빨래집게의 용수철 사이로 통과시킨 다음, 매듭을 묶어 고정하세요.

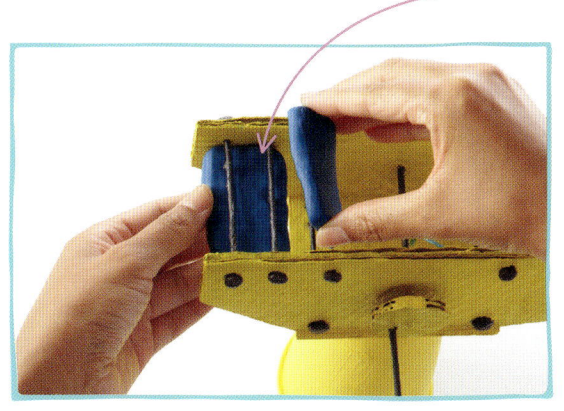

고무찰흙은 짐(하중)의 무게와 평형을 이루기 위한 균형추 역할을 합니다.

21 고무찰흙을 두꺼운 판 모양으로 만들어 사진처럼 뒤쪽에 있는 이쑤시개를 감싸세요.

22 이제 화분을 색칠하세요. 화분은 크레인의 튼튼한 지지대 역할을 합니다.

23 물로 가득 찬 페트병을 색칠하세요.

모래로 가득 채우면 크레인이 쉽게 넘어지지 않습니다.

24 페트병을 화분 안에 세운 다음 모래를 가득 채우세요.

48   1. 힘과 운동

25 남은 종이컵을 뒤집어 페트병 입구에 세운 후, 강력 테이프로 단단히 감싸세요.

종이컵은 페트병 위쪽에 있습니다.

구슬은 다른 부품이 자유롭게 움직일 수 있도록 도와주는 베어링 역할을 합니다.

26 종이컵 밑면에 구슬을 놓으세요. 구슬들이 살짝 움직일 수 있도록 약간의 공간을 두세요.

크랭크 손잡이를 돌려 짐을 올리거나 내리세요.

진짜 크레인은 무거운 콘크리트 속에 고정되어 있습니다. 우리가 만든 화분 받침도 같은 역할을 합니다.

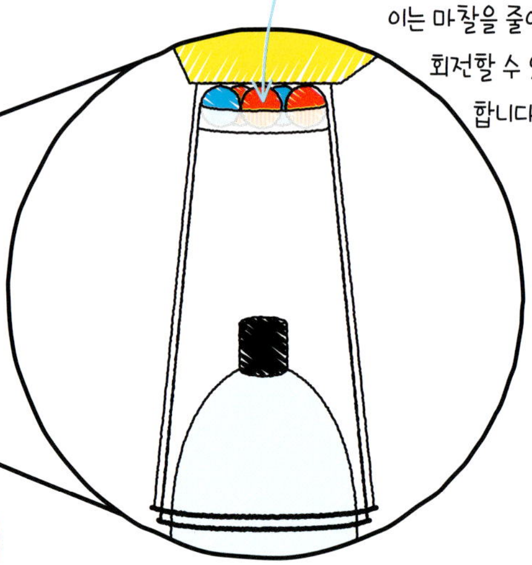

종이컵 사이에 있는 구슬은 베어링 역할을 합니다. 이는 마찰을 줄이고 지브가 회전할 수 있도록 합니다.

27 구슬이 있는 종이컵 위에 지브 모형을 올리세요. 짐을 빨래집게에 연결하고 손잡이를 돌려 올리거나 내리세요.

짐(하중)이 크레인의 한쪽 부분을 아래로 잡아당기기 때문에 크레인 전체에 토크라고 불리는 회전력이 생깁니다.

이렇게도 해 봐요!

크레인이 넘어지지 않고 얼마나 무거운 짐을 들 수 있는지 확인해 봅시다. 먼저 줄을 타워 가까이에 연결해 보세요. 짐을 더 많이 들 수 있나요? 만약 크랭크 손잡이의 바퀴를 더 크게 만들어서 손잡이를 더 크게 돌린다면 어떤 일이 생길까요? 또 이번 실험에서 만든 크레인을 더 크게 만들어서 더 무거운 짐을 들어 보세요. 균형추의 무게를 늘리거나 줄여서 짐을 들어 보세요. 어떻게 될까요? 이외에도 이쑤시개 대신 나무 꼬치를 사용하거나 골판지보다 두꺼운 종이를 사용해 더 강력한 크레인을 만들 수도 있습니다.

더 무거운 짐을 들려면 줄을 타워 가까이로 이동하면 됩니다.

원리 파헤치기

크레인은 넘어지지 않고 아주 무거운 짐을 들 수 있습니다. 짐(하중)은 지브를 아래로 잡아당겨서 회전력 또는 토크를 생성합니다. 짐(하중)이 지브에서 멀리 있을수록 토크는 더 커집니다. 이때 토크는 짐의 무게와 짐과 타워의 거리를 곱한 것과 같습니다. 따라서 무거운 짐은 타워 가까이에서 들고, 가벼운 짐은 더 멀리 떨어진 곳에서 듭니다. 이 두 경우는 모두 비슷한 토크를 생성하며, 이는 균형추에 의해 평형을 이룹니다. 이때 크레인은 땅에 고정되어 있기 때문에 토크와 균형추가 완벽하게 평형을 이룰 필요는 없습니다. 완벽하게 평형이 아니어도 잘 고정된 크레인은 넘어지지 않아요!

우리 주변의 과학
공학: 건설용 크레인

타워 크레인의 강철 케이블은 지브를 앞뒤로 움직일 수 있는 이동형 트롤리에 걸려 있습니다. 트롤리의 위치를 바꾸면서 작업자는 짐(하중)에 의해 발생하는 토크를 조절할 수 있습니다. 여러분이 만든 크레인에서 줄을 여러 개의 이쑤시개에 거는 것도 같은 역할을 합니다. 타워 크레인은 자동차 20개의 무게인 약 20톤까지 들 수 있습니다.

거리 A 거리 B

무게 A (균형추)

무게 B (짐, 하중)

타워

무게 B × 거리 B = 무게 A × 거리 A일 때, 크레인은 완벽히 균형을 이룹니다.

간단한 기계 장치
오토마톤

오토마톤은 스스로 움직이는 것처럼 보이는 간단한 기계입니다. 실제로 오토마톤은 손이나 태엽, 모터 등으로 작동합니다. 오토마톤의 역사는 무려 2,000년 전으로 거슬러 올라갑니다. 초기 오토마톤은 극장에서 공연을 하기 위해 만들어졌지요. 이번 실험에서 여러분은 상어 오토마톤을 만들 것입니다. 캠과 크랭크라 불리는 장치는 상어의 꼬리와 턱의 움직임을 제어할 수 있습니다. 이런 장치는 자동차 엔진이나 여러 기계에서 쉽게 볼 수 있습니다.

턱은 위아래로 움직입니다.

이 나무 꼬치는 밀대 역할을 합니다. 밀대는 위아래로 움직이는 작은 부품입니다.

나무 꼬치를 돌리면 에너지가 캠에 전달됩니다. 캠은 에너지를 상어의 턱으로 전달해 턱을 열고 닫게 합니다.

이 원형 부품이 캠입니다. 캠은 나무 꼬치의 중심을 벗어나 회전하기 때문에 밀대가 위아래로 움직이도록 합니다.

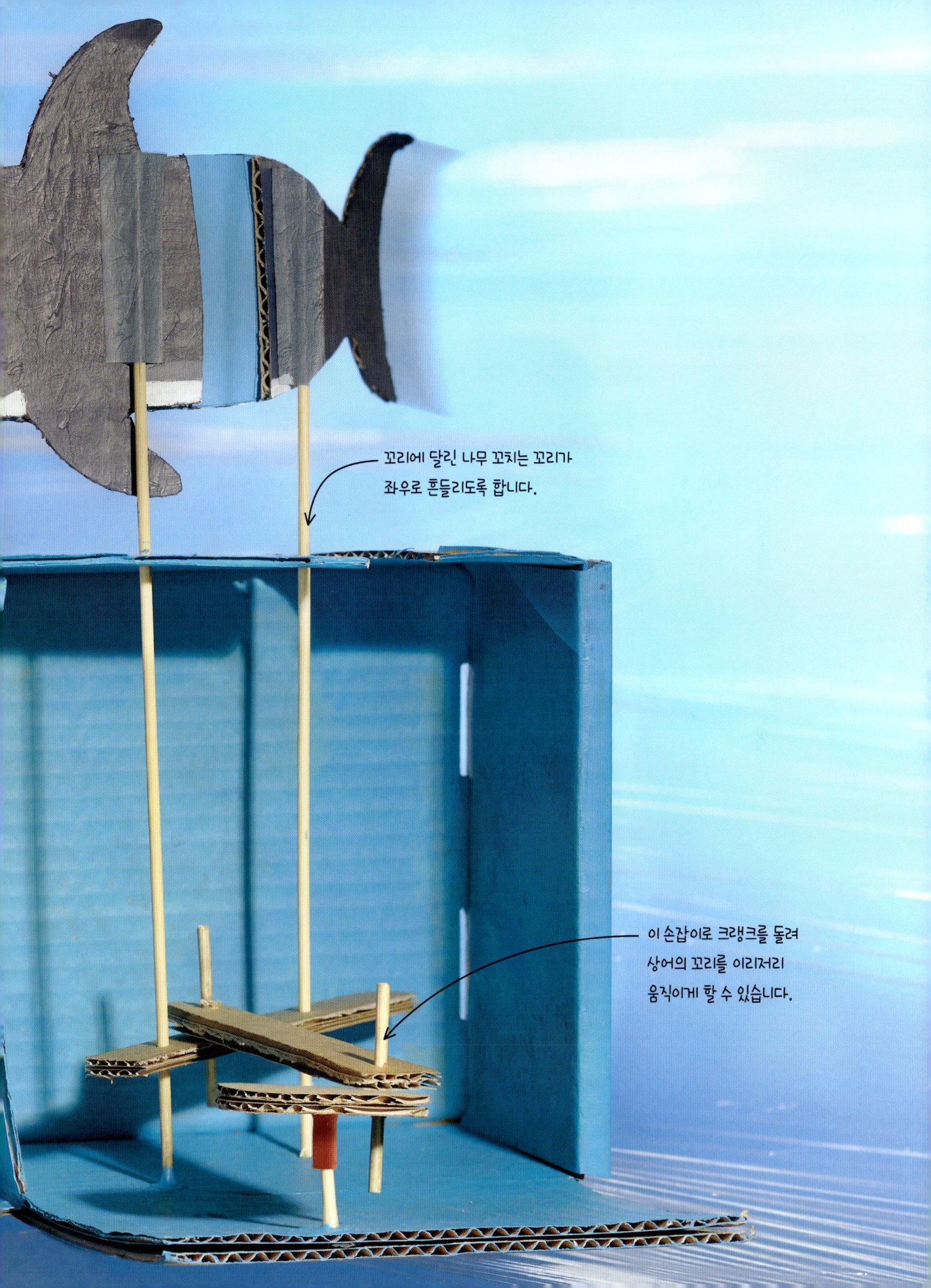

꼬리에 달린 나무 꼬치는 꼬리가 좌우로 흔들리도록 합니다.

이 손잡이로 크랭크를 돌려 상어의 꼬리를 이리저리 움직이게 할 수 있습니다.

1. 힘과 운동

오토마톤 만들기

이 실험은 시간이 꽤 걸립니다. 골판지도 많이 준비해야 합니다. 오토마톤은 부품들이 아주 많기 때문이지요. 종이 상자의 크기가 조금 달라도 오토마톤을 만들 수 있습니다. 다만 먼저 만든 조각들의 크기를 조절해야 하지요.

시간 120분

난이도 어려움

준비물

- 물감
- 가위
- 색 테이프
- 연필
- 빨대
- 줄
- 점토 접착제
- 자
- 붓
- 접착제
- 클립
- 나무 꼬치 5개
- 색 도화지
- 26cm×16cm×8cm 크기의 종이 상자
- 두꺼운 골판지 여러 장
- 양면테이프

1 오토마톤의 바닥을 만들기 위해 골판지에 가로 20cm, 세로 15cm 크기의 직사각형을 그리세요.

2 다른 골판지에 가로 12cm, 세로 15cm 크기의 직사각형을 그리고, 직사각형을 전부 자르세요.

오토마톤 53

3 위 사진처럼 큰 직사각형 가운데와 가장자리에 양면 테이프를 붙인 다음 테이프의 보호필름을 벗기세요.

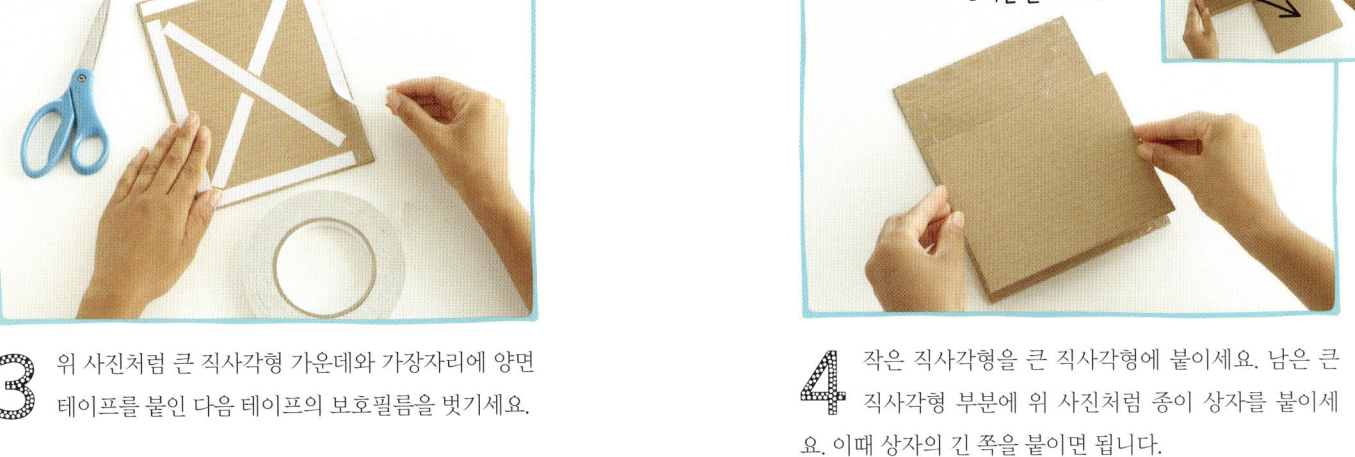

종이 상자의 긴 쪽을 붙이세요.

4 작은 직사각형을 큰 직사각형에 붙이세요. 남은 큰 직사각형 부분에 위 사진처럼 종이 상자를 붙이세요. 이때 상자의 긴 쪽을 붙이면 됩니다.

가장자리에서 2cm 떨어진 곳에 표시하세요.

연필로 그린 직선은 나무 꼬치를 어디에 넣어야 할지 알려줍니다.

5 종이 상자 윗부분의 가운데와 양끝 가장자리에서 2cm 떨어진 세 곳에 연필로 점을 표시하세요. 자를 이용해 직선을 그어 표시한 세 점을 연결하세요.

6 오토마톤의 오른쪽에 넣을 부품을 만들 차례입니다. 골판지에 가로 12cm, 세로 2cm 크기의 직사각형을 두 개 그리세요. 그린 직사각형을 가위로 자르세요.

옆에 자를 두고 정확한 위치에 찍으세요.

7 과정 6에서 만든 직사각형 조각 중 하나에 점 세 개를 찍으세요. 한쪽 끝에서 2cm, 4cm, 8cm만큼 떨어진 곳에 찍으면 됩니다.

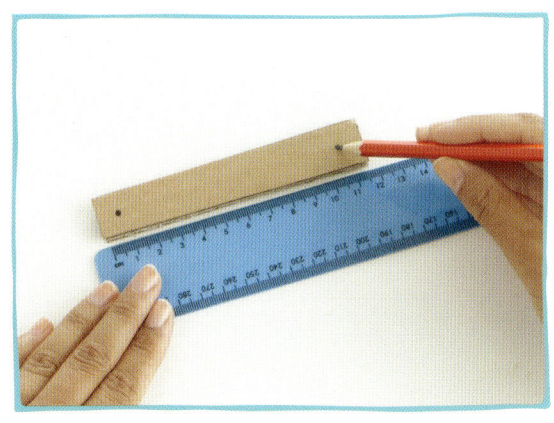

8 남은 직사각형 조각에 양끝에서 1cm만큼 떨어진 곳에 각각 점을 찍으세요.

54 1. 힘과 운동

점토 접착제를 사용해 책상을 보호하세요.

9 나무 꼬치를 이용해 작은 직사각형 조각에 표시한 점들을 뚫으세요.

이 과정이 어려우면 부모님께 도움을 요청하세요.

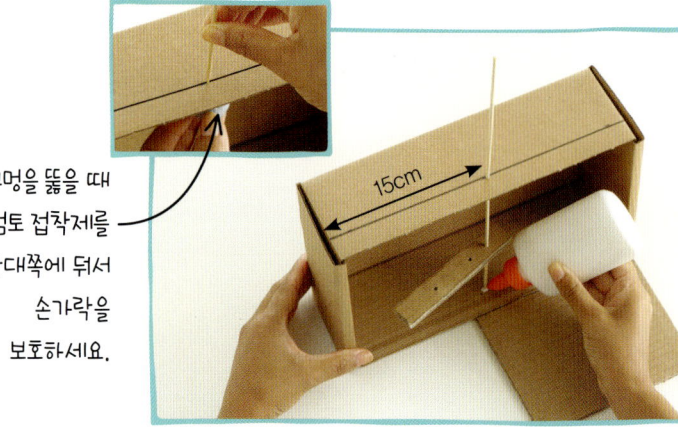

구멍을 뚫을 때 점토 접착제를 반대쪽에 둬서 손가락을 보호하세요.

10 종이 상자 윗부분에 나무 꼬치로 구멍을 뚫으세요. 이때 왼쪽에서 15cm만큼 떨어진 곳에 뚫으면 됩니다. 과정 7에서 만든 작은 직사각형 조각도 함께 뚫으세요. 나무 꼬치로 상자 밑부분을 살짝 찌른 후, 접착제로 고정하세요.

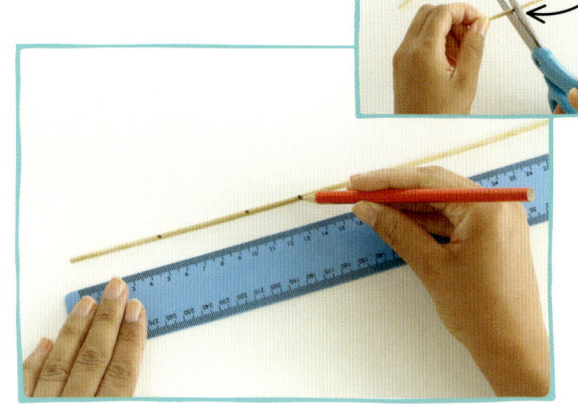

11 나무 꼬치를 하나 더 꺼내서 한쪽 끝에서 5cm, 10cm, 13cm만큼 떨어진 곳에 각각 점을 표시하세요. 표시한 점에 가위로 자국을 낸 다음 부러뜨리세요. 5cm짜리 나무 꼬치 조각 두 개, 3cm짜리 나무 꼬치 조각 한 개를 만들 수 있습니다.

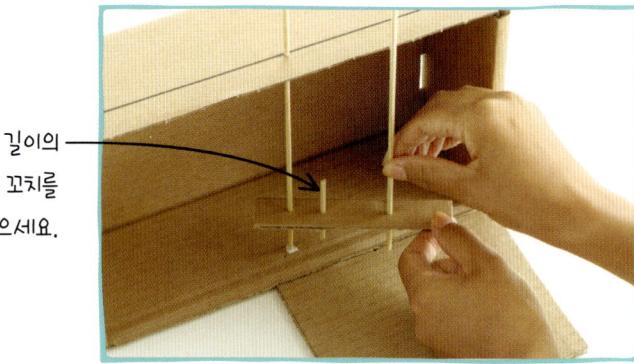

5cm 길이의 나무 꼬치를 꽂으세요.

12 5cm 길이의 나무 꼬치 조각을 사진처럼 작은 직사각형 조각의 가운데 구멍에 꽂으세요. 이제 새 나무 꼬치를 나머지 구멍에 꽂으세요.

손잡이를 이 조각에 연결할 것입니다.

13 과정 10에서 꽂은 나무 꼬치에서 약 10cm만큼 떨어진 곳에 3cm 길이의 나무 꼬치 조각을 꽂으세요. 접착제를 발라 고정시키세요.

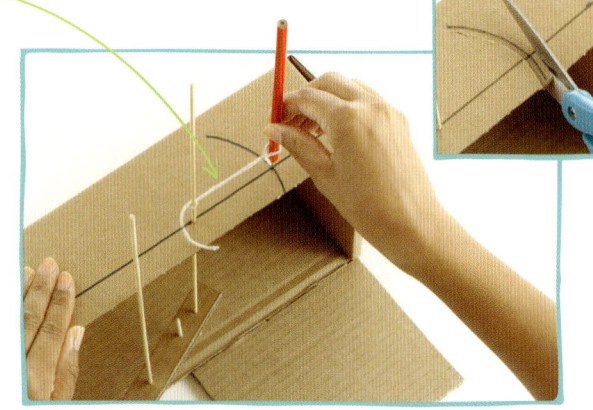

나무 꼬치와 연필 사이의 거리는 6cm입니다.

14 짧은 줄을 연필에 묶고 과정 10에서 꽂은 나무 꼬치 주변으로 호를 그리세요. 호를 따라서 폭이 약 1cm 정도인 틈을 만드세요.

오토마톤 **55**

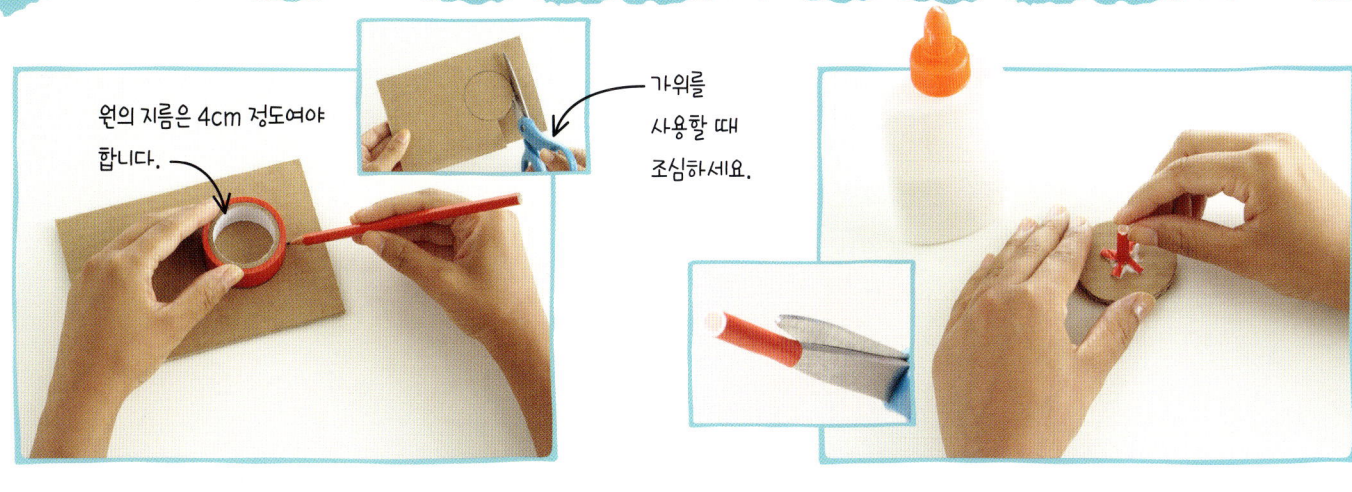

15 골판지 위에 사진처럼 테이프를 올려놓고 원을 그리세요. 가위로 원을 자르세요. 이 조각은 손잡이가 됩니다.

16 빨대를 4cm 길이로 자르세요. 한쪽 끝을 4등분 하여 밖으로 접은 다음, 과정 15에서 만든 원 조각에 접착제로 고정하세요.

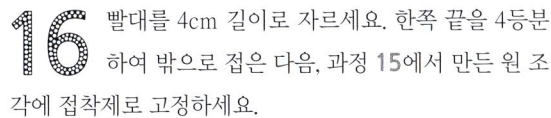

작은 직사각형 조각은 크랭크 역할을 합니다. 크랭크는 손잡이의 회전 운동을 왕복 운동으로 바꿔 줍니다.

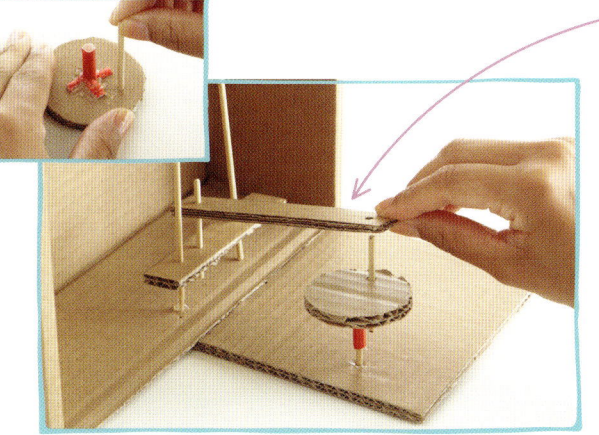

17 남은 5cm 길이의 나무 꼬치를 원형 손잡이 가장자리 가까이에 꽂으세요. 손잡이를 뒤집은 다음 과정 13에서 미리 꽂아 놓은 나무 꼬치 위에 빨대를 끼우세요. 과정 9에서 만든 직사각형 중 남은 조각을 왼쪽 사진을 참고하여 나무 꼬치에 끼우세요.

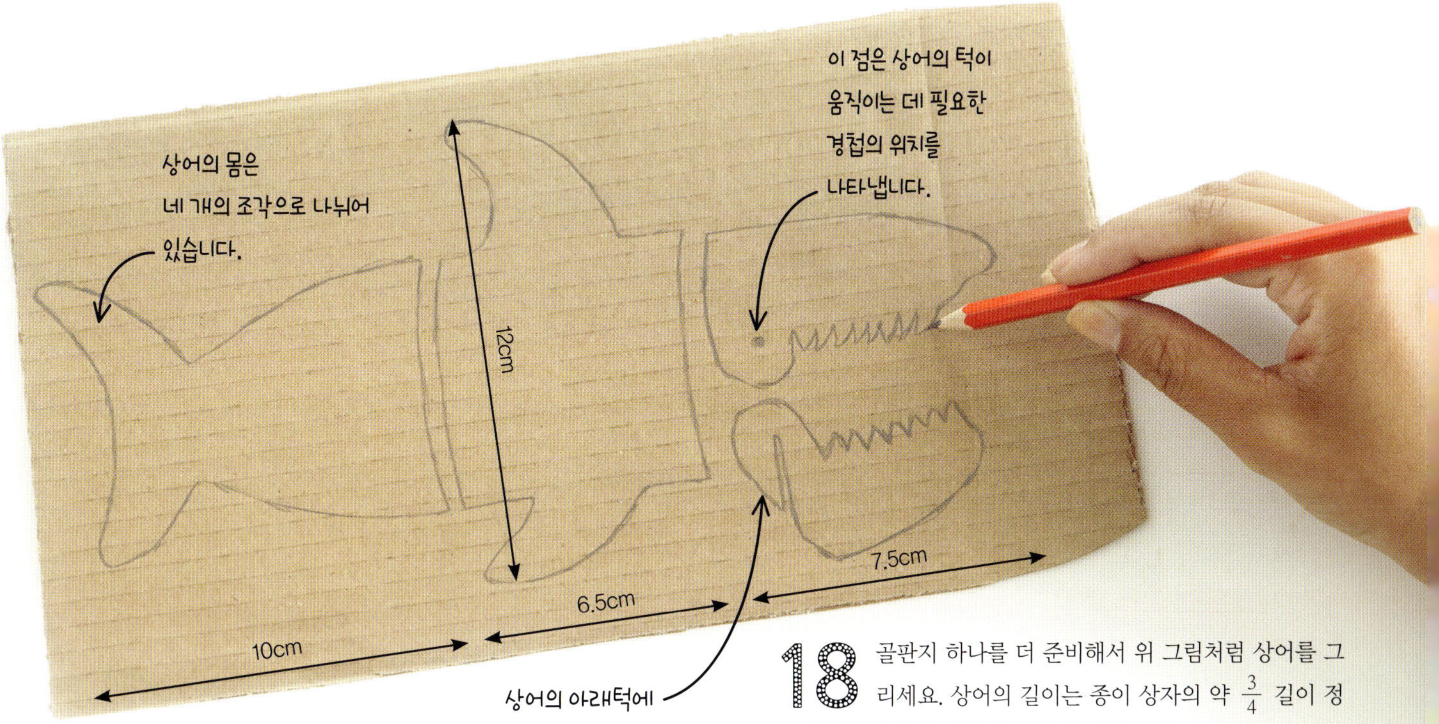

18 골판지 하나를 더 준비해서 위 그림처럼 상어를 그리세요. 상어의 길이는 종이 상자의 약 $\frac{3}{4}$ 길이 정도면 충분합니다. 상어를 그린 후 가위로 자르세요.

19 상어 조각 세 개를 색 도화지에 2cm 정도 간격을 두고 올려놓으세요. 연필로 조각을 따라 윤곽선을 그리세요. 위 사진을 참고하면 됩니다.

20 윤곽선을 따라 종이를 자르세요. 양면테이프로 상어 조각을 붙입니다. 이때 2cm만큼 간격을 두고 붙이세요.

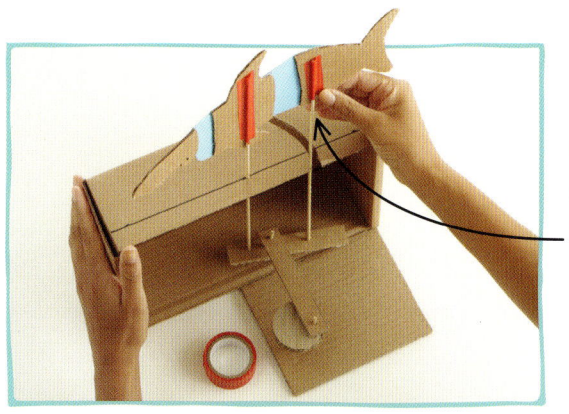

21 색 테이프를 이용해 상어의 몸과 꼬리를 상자 위로 올라온 나무 꼬치 두 개에 붙이세요. 이때 상어 몸 밖으로 튀어나온 나무 꼬치는 잘라 내세요.

22 오토마톤을 두 부분으로 나누기 위해 골판지로 작은 벽을 만들 차례입니다. 종이 상자의 가로와 세로 길이에 맞는 직사각형을 그리고 자르세요.

23 과정 22에서 만든 직사각형 모서리에 접착제를 바른 다음, 오토마톤의 한쪽 끝에서 9cm 가량 떨어진 곳에 붙이세요. 이때 작은 벽 때문에 이미 만들어 놓은 장치가 잘 움직이지 않을 수 있으니 접착제로 고정하기 전에 위치를 조절하세요.

24 골판지에 작은 원을 그리고 자르세요. 이때 위 사진처럼 색 테이프의 안쪽을 따라 그리면 됩니다.

오토마톤 57

대각선을 그리면 중심점을 쉽게 찾을 수 있습니다.

25 종이 상자를 오른쪽으로 돌린 다음, 윗면에 대각선을 그으세요. 대각선이 만나는 곳을 나무 꼬치로 뚫으세요.

 캠이 작동하려면 나무 꼬치는 가운데가 아닌 가장자리에 있어야 합니다.

26 다시 상자를 돌려 바로 세우세요. 나무 꼬치를 원의 가장자리에서 약 1cm 정도 떨어진 곳에 꽂은 다음, 안쪽으로 쭉 밀어 넣어 과정 23에서 만든 벽을 살짝 뚫으세요.

점선을 따라 접으세요.

27 가로 4cm, 세로 6cm 크기의 직사각형을 그리고 자르세요. 점선을 따라 세로로 길게 접으세요.

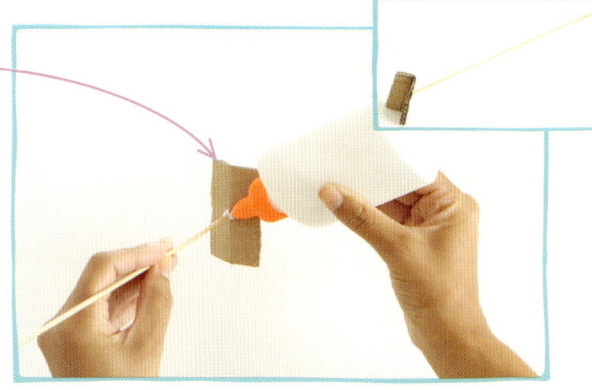

 접은 직사각형 조각이 밀대 역할을 합니다. 캠이 회전하면서 이 밀대를 위아래로 밉니다.

28 접은 골판지 조각 중심에 나무 꼬치를 꽂아 구멍을 만드세요. 접착제를 한 방울 떨어뜨린 다음 완전히 마를 때까지 기다리세요.

29 상어의 턱 가운데 부분과 상자의 연필선이 수직으로 만나는 부분에 구멍을 뚫으세요. 5cm짜리 빨대 조각을 구멍에 넣고 사진처럼 밀대를 끼우세요.

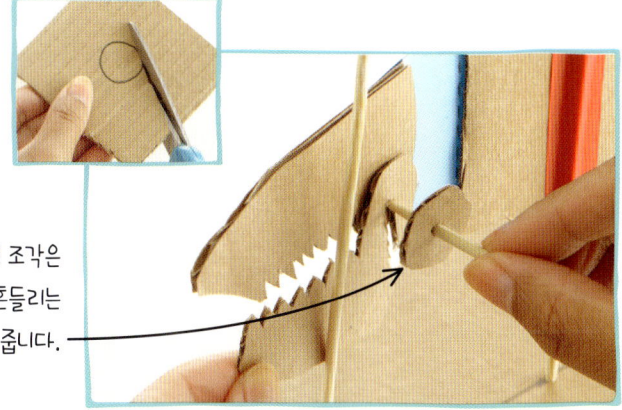

이 작은 원형 조각은 턱이 마구 흔들리는 것을 막아 줍니다.

30 이제 상어 턱에 붙일 경첩을 만들 차례입니다. 지름이 2cm 정도인 원형 조각을 만드세요. 짧은 나무 꼬치를 원형 조각의 정가운데와 상어 턱에 표시한 경첩 위치에 꽂으세요. 사진처럼 아래턱의 갈고리를 나무 꼬치에 거세요.

58   1. 힘과 운동

나무 꼬치의 남은 부분을 다듬으세요.

밀대는 원형 캠 위에 있어야 합니다.

31 색 테이프로 밀대를 상어의 아래턱에 붙이세요. 이때 밀대는 캠 위에 있어야 합니다. 남은 나무 꼬치는 잘라 내세요.

32 이제 오토마톤을 꾸밀 시간입니다. 골판지 위에 작은 물고기를 그리고 자르세요. 클립을 길게 펴서 한쪽은 물고기에 붙이고, 다른 쪽은 상자에 꽂으세요.

33 손잡이를 좌우로 움직여 꼬리를 움직이세요. 또 상자 옆에 있는 나무 꼬치를 돌려서 상어의 턱을 움직이세요.

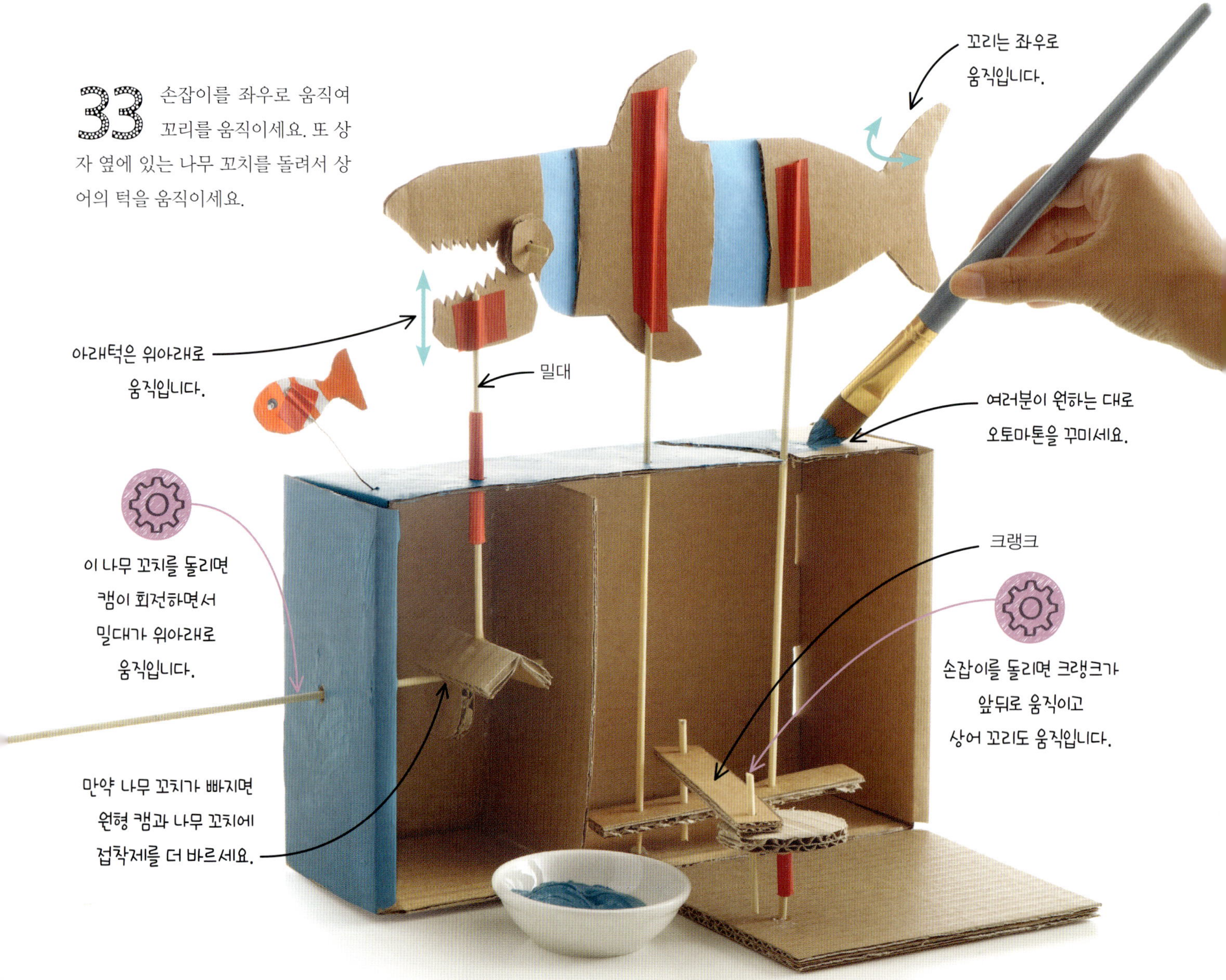

꼬리는 좌우로 움직입니다.

아래턱은 위아래로 움직입니다.

밀대

여러분이 원하는 대로 오토마톤을 꾸미세요.

이 나무 꼬치를 돌리면 캠이 회전하면서 밀대가 위아래로 움직입니다.

만약 나무 꼬치가 빠지면 원형 캠과 나무 꼬치에 접착제를 더 바르세요.

크랭크

손잡이를 돌리면 크랭크가 앞뒤로 움직이고 상어 꼬리도 움직입니다.

원리 파헤치기

오토마톤 왼쪽에 있는 나무 꼬치를 빙글빙글 돌리면 캠도 회전합니다. 이때 나무 꼬치는 캠의 가장자리에 꽂혀 있지요. 캠은 회전하면서 반으로 접힌 골판지 조각을 밀며 밀대를 위아래로 움직이게 합니다. 이때 회전 운동(원운동)은 상하 운동(직선 운동)으로 바뀌지요.

오른쪽 장치에서는 원형 조각에 붙은 직사각형 조각이 크랭크가 됩니다. 손잡이를 돌리면 크랭크의 한쪽 끝도 손잡이와 함께 회전합니다. 이때 크랭크의 다른 한쪽 끝은 안팎으로 밀어냅니다. 크랭크는 회전 운동(원운동)을 앞뒤로 움직이는 왕복 운동으로 바꿀 수 있습니다.

왼쪽 기계 장치

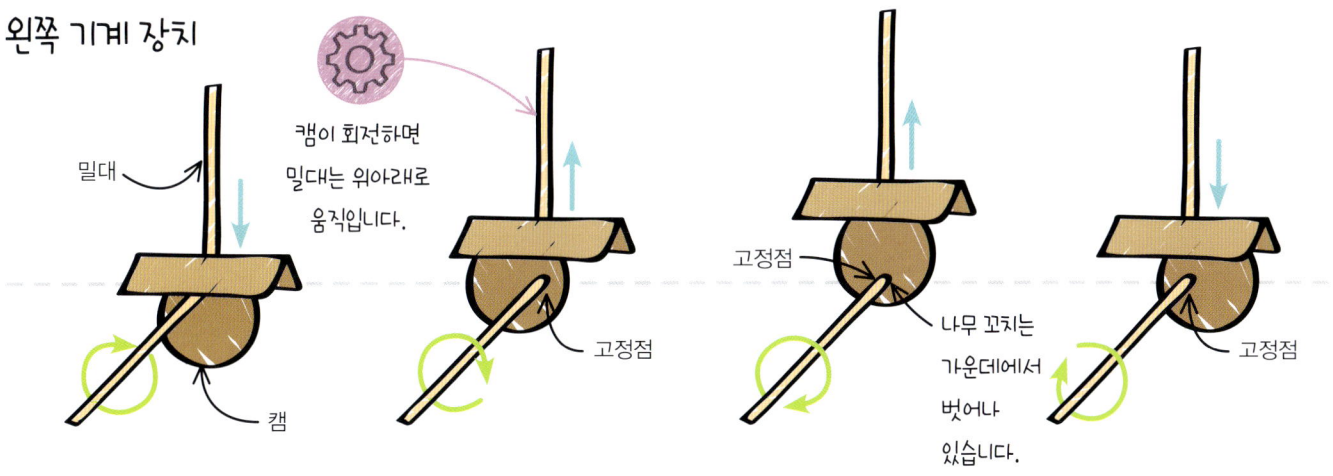

오른쪽 기계 장치

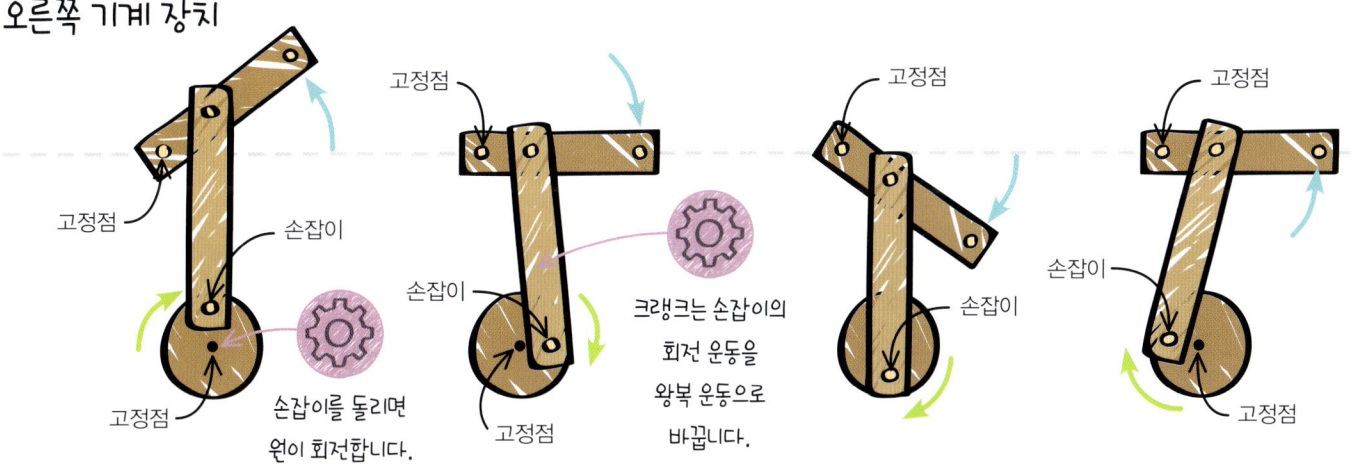

우리 주변의 과학

기술: 자동차 엔진

크랭크와 캠은 자동차 엔진에서 아주 중요한 부품입니다. 피스톤은 엔진 안에서 위아래로 움직입니다. 크랭크는 피스톤의 움직임을 원운동으로 바꿔 바퀴를 회전시킵니다. 캠축에 있는 캠은 밸브를 열고 닫는데, 이를 통해 휘발유 증기가 엔진 안으로 들어오고 적절한 순간에 배기가스가 배출됩니다.

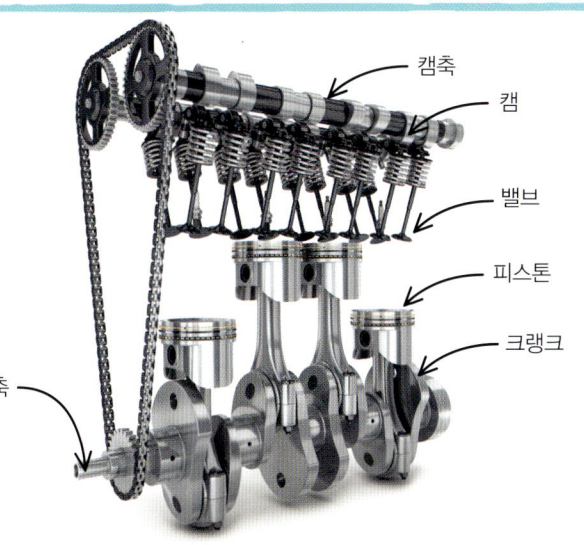

액체와 반응

우리는 실험을 통해 물이나 기름과 같은 액체의 성질에 대해 배울 수 있습니다. 이번 실험에서 여러분은 부엌을 화학 실험실로 만들 것입니다. 액체를 따뜻하게 만드는 방법뿐만 아니라 시원하게 유지하는 방법을 배울 수 있습니다. 또 식초나 양배추와 같이 집에서 쉽게 구할 수 있는 재료를 사용하여 여러 가지 화학 반응을 실험해 볼 것입니다. 이 외에도 나만의 방향제를 만들어 겔과 냄새에 숨어 있는 과학 원리를 찾아봅시다.

체온은 약 섭씨 37도입니다. 만일 주변이 점점 차가워지면 우리는 피부를 통해 열을 잃습니다.

손에 기름을 바르고 찬물에 넣으면 바르지 않았을 때보다 더 천천히 열을 잃습니다.

단열 재료
블러버 장갑

만약 여러분이 남극이나 북극의 차가운 바닷물에서 수영을 한다면 아마도 빠르게 체온이 떨어질 것입니다. 이때 열을 잃는 속도를 늦추는 방법은 기름이나 지방이 든 옷을 입는 것입니다. 이는 추운 곳에서 체온을 지키기 위해 고래, 돌고래, 바다표범 등이 가지고 있는 지방층, 즉 블러버 역할을 합니다. 이렇게 추위로부터 열 손실을 줄이고 온도를 유지하는 재료를 단열재라고 합니다.

블러버 장갑 만들기

이번 실험에서 블러버의 역할을 알아보려면 식물성 기름층을 만들어야 합니다. 지퍼백으로 기름이 들어 있는 이중 장갑을 만들어 얼음물에 넣고 실험해 보세요. 기름을 다 쓰고 나면 꼭 분리수거를 해야 합니다. 개수대에 함부로 버리면 막힐 수 있으니 절대로 개수대에 붓지 마세요.

1. 지퍼백 하나를 거꾸로 뒤집으세요. 안쪽 바닥 부분을 밖으로 잡아당기면서 뒤집으면 됩니다. 지퍼백을 평평하게 펴세요.

시간 15분   **난이도** 쉬움

준비물

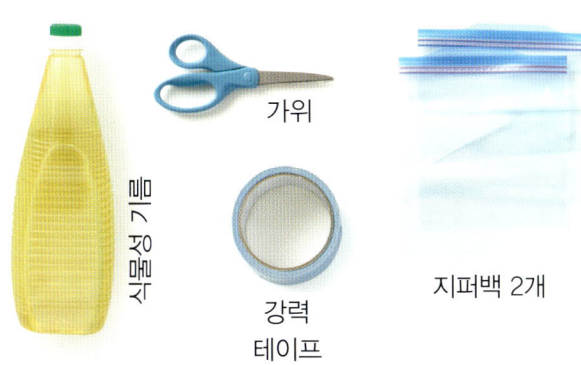

식물성 기름 / 가위 / 강력 테이프 / 지퍼백 2개

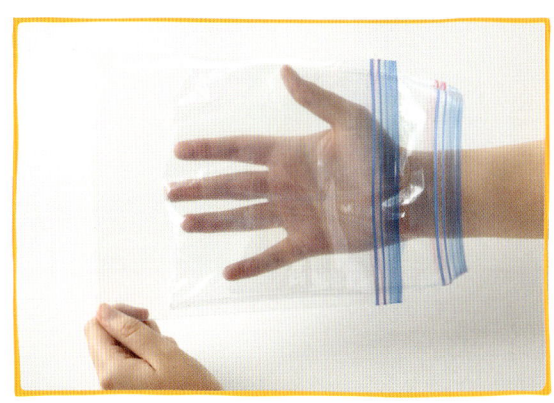

2. 뒤집힌 지퍼백 안에 손을 넣은 채로 다른 지퍼백에 넣으세요. 뒤집힌 지퍼백의 지퍼는 바깥쪽을, 다른 지퍼백의 지퍼는 안쪽을 향합니다.

얼음물이 담긴 그릇 / 깔때기 / 타이머

이 틈으로 기름을 부을 것입니다.

3. 두 장의 지퍼백을 눌러 밀봉하세요. 이때 기름을 부을 틈은 남겨두세요.

4 지퍼백으로 밀봉한 부분을 테이프로 단단하게 감싸세요. 이때 밀봉하지 않고 남겨둔 틈에는 테이프를 붙이지 마세요.

5 깔때기를 틈 사이에 끼우고, 기름을 천천히 부어 지퍼백에 약 $\frac{2}{3}$ 정도 채우세요.

지퍼백과 깔때기, 기름병을 동시에 잡기 어렵다면 부모님께 도움을 요청하세요.

테이프가 있어 기름이 새지 않습니다.

6 밀봉하지 않은 틈의 지퍼를 닫은 후, 테이프를 잘라 밀봉하세요. 테이프를 잘 접어 단단하게 고정하세요.

7 한 손을 얼음물에 담그세요. 얼음물에 손을 넣고 얼마나 견딜 수 있는지 시간을 측정하세요.

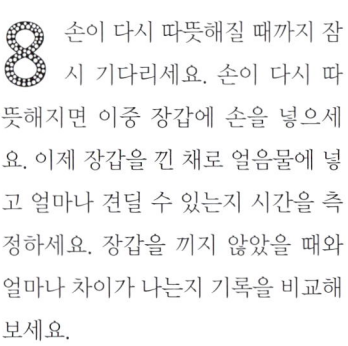

8 손이 다시 따뜻해질 때까지 잠시 기다리세요. 손이 다시 따뜻해지면 이중 장갑에 손을 넣으세요. 이제 장갑을 낀 채로 얼음물에 넣고 얼마나 견딜 수 있는지 시간을 측정하세요. 장갑을 끼지 않았을 때와 얼마나 차이가 나는지 기록을 비교해 보세요.

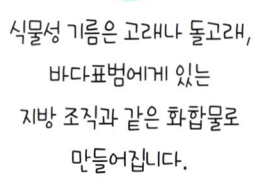

식물성 기름은 고래나 돌고래, 바다표범에게 있는 지방 조직과 같은 화합물로 만들어집니다.

얼음물이 장갑 속으로 스며들지 않도록 해야 합니다.

이렇게도 해 봐요!

피부 속에는 신경 말단 부위가 있어 따뜻함과 차가움을 느낄 수 있습니다. 신경 말단 부위가 실제 온도를 느끼는 것은 아닙니다. 대신 우리 피부가 열을 얻거나 뺏기는 것을 느낄 수 있습니다.

찬물 · 미지근한 물 · 따뜻한 물

1 그릇에 찬물과 미지근한 물, 따뜻한 물을 담으세요. 한 손을 찬물에 잠시 넣고 차갑게 만드세요. 다른 한 손은 따뜻한 물에 넣어 따뜻하게 만드세요.

2 이제 두 손을 미지근한 물에 넣으세요. 찬물에 넣었던 손은 따뜻하게, 따뜻한 물에 넣었던 손은 차갑게 느껴질 것입니다. 미지근한 물의 열은 찬물에 넣었던 손으로 흐르고 따뜻한 물에 넣었던 손의 열은 미지근한 물로 흐르기 때문입니다. 즉 열은 온도가 높은 곳에서 낮은 곳으로 흐릅니다.

원리 파헤치기

얼음물에 손을 넣으면 열은 손에서 물로 흐릅니다. 그 결과 우리는 차가움을 느끼지요. 하지만 기름 장갑을 끼면 손을 감싸는 기름층 때문에 열을 천천히 잃습니다. 왜냐하면 열은 기름 속에서 더 천천히 전달되기 때문입니다. 이처럼 열이 천천히 통과하는 물질을 단열재라고 합니다. 기름처럼 공기도 좋은 단열재입니다. 예를 들어 털 스웨터는 털실 사이에 많은 공기를 가둘 수 있기 때문에 겨울에 체온을 유지하는 데 효과적입니다.

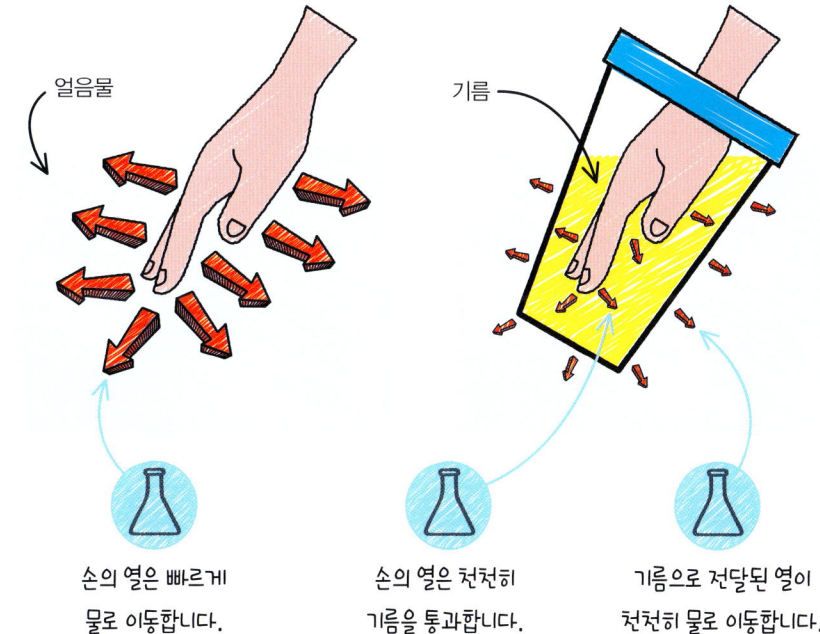

얼음물 / 기름

손의 열은 빠르게 물로 이동합니다. / 손의 열은 천천히 기름을 통과합니다. / 기름으로 전달된 열이 천천히 물로 이동합니다.

우리 주변의 과학
과학: 지방이 많은 동물들

고래나 돌고래, 바다표범은 포유류입니다. 모두 따뜻한 피를 가지고 있지요. 물의 온도가 매우 낮고 아주 추운 북극이나 남극에서 살아남기 위해 이들에게는 블러버라고 불리는 두꺼운 지방층이 있습니다. 블러버는 동물들의 몸에서 열이 빠져나가는 속도를 낮춰 줍니다. 흰긴수염고래의 지방층은 두께가 무려 30cm나 되지요!

열전달
보온병

아주 더운 여름날 소풍을 간다면 시원한 음료수가 필수겠지요? 하지만 시원한 음료수를 컵이나 유리병에 담아 간다면 더운 날씨 때문에 점점 미지근해질 것입니다. 음료수를 시원하게 먹고 싶다면 컵이나 유리병 대신 보온병에 담으면 됩니다. 보온병에 담으면 음료수를 훨씬 더 오래 차갑게 유지할 수 있지요. 보온병은 열전달을 줄여서 따뜻한 음료는 따뜻하게, 차가운 음료는 차갑게 유지시켜 줍니다.

알루미늄 포일은 열이 음료수 쪽으로 이동하거나 음료수에서 빠져나오는 것을 막아줍니다.

보온병 안에 있는 두 개의 병 사이에는 빈틈이 있습니다. 그래서 보온병 안에 있는 음료수로부터 열이 손실되거나 음료수로 열이 전달되는 것을 줄여줍니다.

보온병 만들기

이번에는 병 두 개로 보온병을 만들 것입니다. 음료를 담을 유리병과 조금 더 큰 페트병을 준비하세요. 두 개의 병을 끼웠을 때 잘 맞는 병을 구하는 것이 조금 어려울 수 있습니다. 그래도 적절한 병을 잘 찾아보세요. 이때 두 병 사이에 반드시 틈이 있어야 함을 기억하세요.

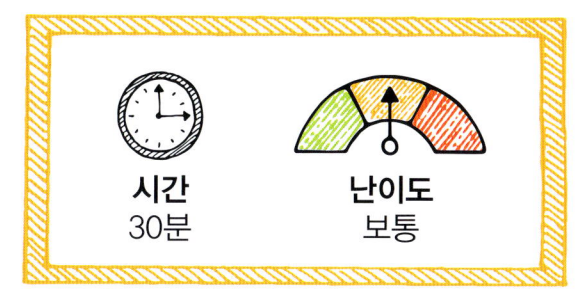

시간 30분 　 난이도 보통

준비물

자, 유리컵 2개, 얼음물이 든 그릇, 깔때기, 가위, 색 테이프, 점토 접착제, 알루미늄 포일, 유리병, 페트병, 온도계

1 가위로 페트병의 윗부분을 자르세요. 뚜껑으로부터 약 1cm만큼 떨어진 곳을 자르면 됩니다. 다소 어려울 수 있으니 부모님께 도움을 요청하세요.

2 병의 가운데 부분을 자르세요. 사진처럼 뚜껑 부분과 윗부분, 바닥 부분까지 세 개의 페트병 부품이 생깁니다.

2. 액체와 반응

3 점토 접착제를 뚜껑 위에 붙인 다음, 뒤집어서 페트병 바닥에 붙이세요.

4 알루미늄 포일을 30cm 길이로 잘라 유리병을 감싸세요. 이때 유리병 바닥까지 다 감싸서 유리 부분이 보이지 않도록 합니다.

5 유리병을 과정 3에서 만든 페트병 부품 중 바닥쪽 부품에 넣고, 나머지 페트병 부품을 유리병 위에 끼우세요. 테이프를 이용해 페트병 부품을 단단히 연결하세요.

6 페트병의 목 부분을 유리병의 목 부분과 테이프로 연결하여 밀봉하세요.

7 보온병 윗부분까지 완벽하게 열을 차단하기 위해 알루미늄 포일을 약 20cm 길이로 자르세요. 포일을 길게 반으로 접고 다시 반으로 접어 두껍게 만드세요.

8 과정 7에서 만든 포일 조각으로 유리병의 입구 부분을 감싸세요.

보온병 69

9 얼음물을 유리컵에 붓고 한쪽에 두세요. 보온병의 뚜껑을 열고 깔때기를 사용해 얼음물을 부으세요. 다시 뚜껑을 닫으세요.

깔때기가 있기 때문에 옆으로 물이 흘러내리지 않습니다.

유리컵에 물을 담고 보온병 속 물의 온도와 비교해 보세요.

반사 물질은 빛뿐만 아니라 눈에 보이지 않는 적외선도 반사합니다.

10 약 한 시간 후에 다른 유리컵에 보온병 속 물을 담으세요. 과정 9에서 미리 담아 놓은 물과 온도를 비교해 보세요.

원리 파헤치기

얼음물을 상온에 두세요. 그러면 점점 물이 따뜻해집니다. 열은 전도와 복사라는 두 가지 방법을 통해 물로 이동합니다. 전도란 서로 접촉하는 두 물체 사이에서 열이 전달되는 것을 말합니다. 이번 실험에서 만든 보온병은 공기가 있는 틈이 있어서 보온병 속 얼음물을 효과적으로 단열하여 전도 효과를 크게 감소시킵니다. 우리 눈에 보이지 않는 적외선도 복사를 통해 물을 따뜻하게 만들지만 적외선은 알루미늄 포일에 의해 반사됩니다. 공기와 포일은 따뜻한 액체로부터 열이 손실되는 것도 막아줍니다.

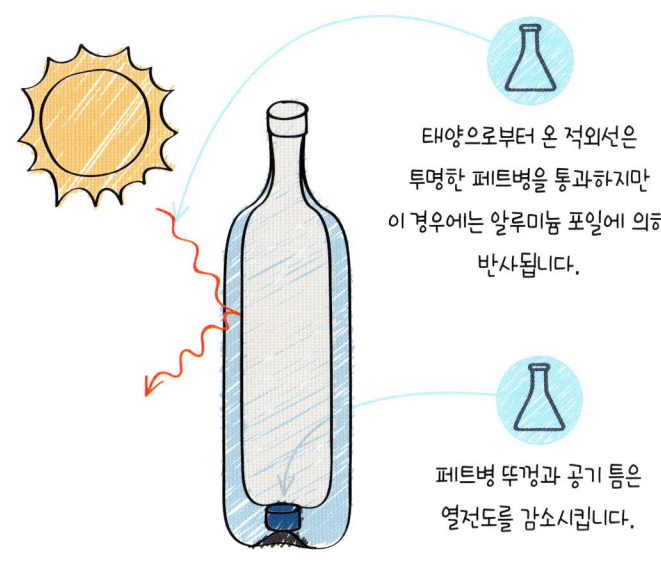

태양으로부터 온 적외선은 투명한 페트병을 통과하지만 이 경우에는 알루미늄 포일에 의해 반사됩니다.

페트병 뚜껑과 공기 틈은 열전도를 감소시킵니다.

우리 주변의 과학
기술: 보온병

우리가 사용하는 실제 보온병은 내부와 외부 사이의 틈에서 공기를 제거한 진공 상태입니다. 진공 상태가 되면 안팎으로 오고가는 열전달이 거의 없다시피 할 정도로 감소합니다. 때문에 보온병은 액체를 오랫동안 따뜻하게 또는 차갑게 유지할 수 있습니다.

진공 상태인 틈

액체가 든 내부 공간

사이펀 효과
피타고라스 컵

오른쪽 사진처럼 독특하게 생긴 장치는 그리스 수학자 피타고라스의 이름을 따서 피타고라스 컵이라고 부릅니다. 피타고라스는 약 2,500년 전에 살았던 사람이지요. 이 컵은 맛있는 음료수를 더 많이 차지하려는 욕심쟁이들을 잡기 위해 탄생했습니다. 피타고라스 컵은 특정 지점 이상 액체가 차면 컵의 밑에서 액체를 흘려보냅니다. 이는 액체가 항상 압력이 높은 곳에서 낮은 곳으로 흐르기 때문에 가능한 일이지요. 이를 사이펀 효과라고 부릅니다.

컵에 든 물의 압력은 빨대의 굽은 부분 위쪽으로 물을 밀어 올립니다.

물이 빨대를 통해 흐르면서 수위가 점점 낮아집니다.

컵이 거의 빌 때까지 물이 계속 흐릅니다.

피타고라스 컵 만들기

이번 실험은 약간 복잡하지만 과정을 잘 따라가면 놀라운 결과물을 만들 수 있습니다. 인내심을 가지고 천천히 만들어 보세요. 피타고라스 컵을 만들기 위해 플라스틱 부품을 사용할 것입니다. 다 쓴 플라스틱은 꼭 재활용하세요.

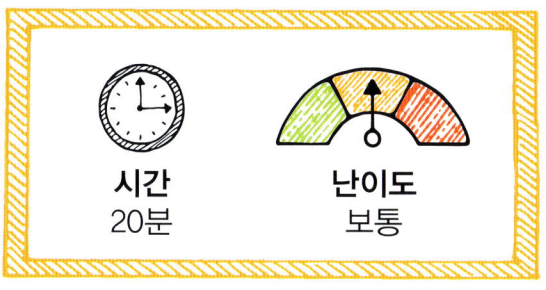

시간 20분   **난이도** 보통

준비물

자 · 연필 · 주름빨대 · 식용 색소 · 가위 · 물 한 그릇 · 고무줄 · 점토 접착제 · 색 테이프 · 플라스틱 컵 · 접시 · 페트병

1 페트병의 위에서 약 7cm 정도 되는 곳을 자르세요. 작은 사진처럼 절단면을 테이프로 덮어 감싸세요.

2 페트병 뚜껑을 연 다음에 뚜껑 아래에 점토 접착제를 붙이고 가위로 구멍을 뚫으세요. 점토 접착제는 책상을 보호해 줍니다.

3 점토 접착제 조각을 뚜껑 위에 올리고 손으로 꽉 누르세요. 가위로 뚜껑 구멍에 맞춰서 접착제에도 구멍을 뚫으세요.

72   2. 액체와 반응

고무줄은 빨대가 접힌 부분을 고정하는 역할을 합니다. 이때 너무 꽉 조이지 않도록 하세요.

빨대에서 이쪽이 구부러지는 쪽입니다.

4 빨대의 아래쪽을 약 2cm 정도 자르세요. 빨대의 구부러진 부분을 접은 다음 고무줄로 고정하세요.

5 가위를 이용해 플라스틱 컵 바닥 중앙에 구멍을 뚫으세요. 점토 접착제를 받쳐서 책상을 보호하세요.

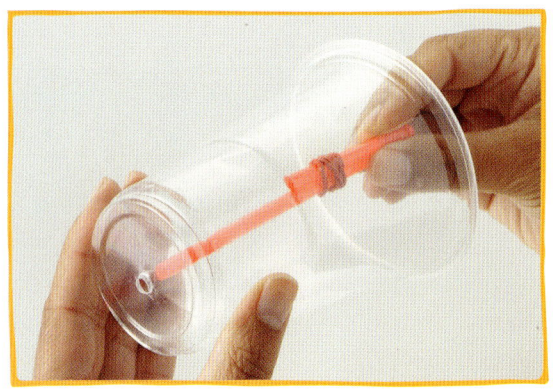

6 접히지 않은 쪽 빨대를 컵의 구멍 안에 넣으세요. 사진을 참고하면 됩니다. 이때 빨대의 구부러진 부분이 컵 안쪽에 들어 있어야 합니다.

점토 접착제는 물이 새는 것을 막아주는 역할을 합니다.

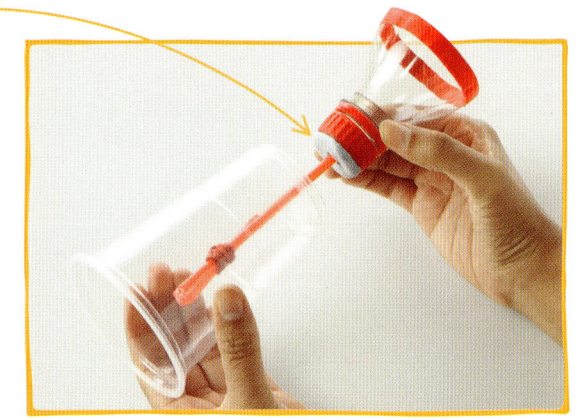

7 플라스틱 컵 밖으로 나온 빨대를 과정 3에서 만든 장치의 병뚜껑 구멍 속으로 넣으세요.

연필로 점토 접착제를 눌러 새지 않도록 밀봉하세요.

8 병뚜껑 위에 있는 점토 접착제를 눌러 플라스틱 컵과 단단히 고정되도록 하세요. 연필을 이용해 사진처럼 빨대 주변에 점토 접착제를 더 채우세요.

9 물에 식용 색소를 섞으세요. 플라스틱 컵을 사진처럼 접시 위에 세우고 물을 컵에 부으세요.

식용 색소를 타면 물이 흐르는 것을 더 잘 관찰할 수 있습니다.

페트병의 윗부분으로 만든 장치는 피타고라스 컵의 받침대 역할을 합니다.

피타고라스 컵 73

10 물은 빨대가 구부러진 곳에 도달할 때까지 새지 않고 가득 찹니다. 하지만 적정 수위를 넘으면 물은 아래로 새어나오기 시작합니다.

이렇게도 해 봐요!

주름빨대 두 개와 길고 짧은 유리컵 두 개, 물을 가지고 사이펀 효과를 실험해 볼 수 있습니다. 빨대 하나에 다른 빨대를 끼워서 긴 관을 만드세요. 긴 유리컵에 물을 담고 빨대를 구부러서 짧은 쪽을 긴 유리컵 안에 넣으세요. 컵에 넣지 않은 쪽의 빨대를 살짝 빨아서 물이 흐르도록 하세요. 짧은 유리컵에 빨대를 넣으세요. 긴 유리컵의 수위가 빨대 입구로 내려갈 때까지 물은 긴 유리컵에서 짧은 유리컵으로 흐릅니다.

테이프로 빨대를 연결하세요.

받침대를 사용해 긴 유리컵을 더 길게 만들 수 있습니다.

원리 파헤치기

피타고라스 컵에 물을 채우면, 물을 누르는 대기압에 의해 물은 빨대를 타고 올라갑니다. 물을 더 많이 채우면 채울수록 압력도 올라가지요. 컵 속의 수위가 빨대의 높이보다 높아지면 수압에 의해 물이 빨대의 구부러진 부분까지 올라가게 됩니다. 물은 계속 흐르는데, 이는 빨대가 구부러진 부분의 압력이 컵 안에 있는 빨대 구멍 쪽의 압력보다 낮기 때문입니다. 이를 사이펀 효과라고 부릅니다.

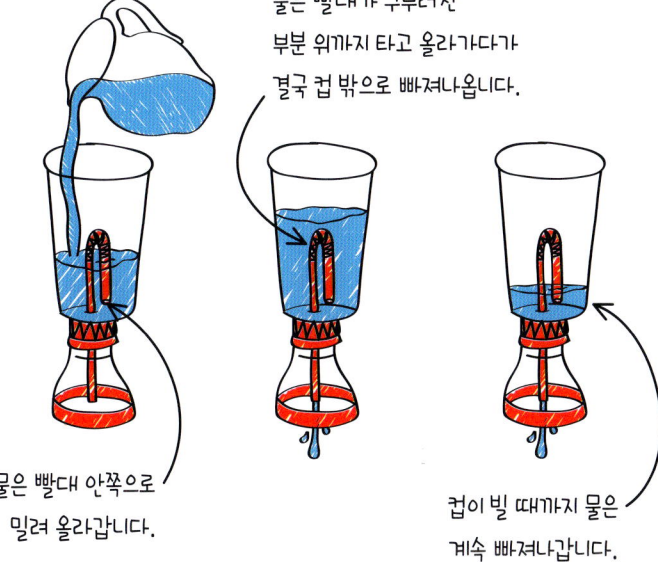

물은 빨대가 구부러진 부분 위까지 타고 올라가다가 결국 컵 밖으로 빠져나옵니다.

물은 빨대 안쪽으로 밀려 올라갑니다.

컵이 빌 때까지 물은 계속 빠져나갑니다.

우리 주변의 과학
과학: 변기의 원리

사이펀은 우리 생활 속에서 쉽게 찾아볼 수 있습니다. 바로 화장실에서요. 물을 내릴 때 사이펀의 원리가 적용됩니다. 변기 뒤쪽에는 직사각형 모양의 수조가 있습니다. 수조 안에는 물이 변기로 이어지는 파이프 바로 위까지 차 있습니다. 변기 손잡이를 내리면 파이프로 물을 흘려보내게 되고, 수조에 있던 물이 변기로 흘러갑니다.

겔과 증발
방향제

천연 비누와 향수는 에센셜 오일을 사용하기 때문에 특별한 향기가 납니다. 에센셜 오일은 식물에서 추출한 고농도의 오일입니다. 작은 그릇에 에센셜 오일을 몇 방울 떨어뜨리면 오일이 증발하면서 방 안을 좋은 향기로 가득 채울 수 있습니다. 하지만 오일이 모두 증발하면 향기는 금방 사라집니다. 방향제에는 겔이라고 불리는 젤리와 같은 물질이 들어 있어서 에센셜 오일을 천천히 증발시킵니다. 따라서 여러분은 방향제로 방을 오랫동안 좋은 향기로 채울 수 있습니다.

병 안에는 겔이 들어 있습니다.
겔은 마치 액체처럼 보이지만
고체처럼 형태를 유지합니다.

장식용 꽃이나 소품을 병 속의 겔에 넣어서 꾸며 보세요.

약간의 식용 색소를 첨가하면 좀 더 예쁜 방향제를 만들 수 있습니다.

방향제 만들기

이번 실험에서는 젤화제가 필요합니다. 젤화제란 요리사들이 젤리를 만들 때 사용하는 것입니다. 좋은 젤화제는 젤리틴과 카라기닌이 들어 있습니다. 어떤 젤화제를 골라도 좋지만 사용법을 정확히 알고 쓰세요. 에센셜 오일도 어느 것이든 상관 없으니 좋아하는 향기가 나는 것을 골라 방향제를 만들어 보세요.

1 유리병에 젤화제를 1ts(티스푼)만큼 넣으세요.

시간 15분 **난이도** 쉬움 **주의 사항** 뜨거운 물을 사용할 때는 반드시 어른과 함께하세요.

준비물

젤화제 1ts, 소금 1ts, 뜨거운 물, 유리병, 식용 색소, 에센셜 오일

2 뜨거운 물을 유리병의 $\frac{2}{3}$ 만큼 넣고 젤화제가 잘 녹을 때까지 저으세요. 이때 손이나 얼굴에 튀지 않도록 주의하세요.

3 식용 색소 몇 방울을 넣고 티스푼으로 저어 원하는 색을 만드세요.

방향제 77

소금은 방부제 역할을 합니다. 겔에 박테리아나 곰팡이가 생기는 것을 막아주지요.

4 이제 향기를 추가할 차례입니다. 에센셜 오일을 몇 방울 떨어뜨리고 천천히 저으세요.

5 소금 1ts(티스푼)을 넣고 완전히 녹을 때까지 저어주세요.

혼합물은 냉장고 안에서 점점 식어서 겔이 됩니다.

6 혼합물을 밤새 냉장고에 넣어 굳히세요. 다 굳으면 사용할 준비가 된 것입니다. 2~3주가 지나면 방향제를 분리수거하세요.

이렇게도 해 봐요!

물질이 증발하는 속도는 온도에 따라 다릅니다. 방향제를 따뜻한 곳과 추운 곳에 각각 두고 어느 곳에서 더 향기가 강하게 나는지 알아보세요. 또 겔이 굳기 전에 구슬이나 조약돌 등을 넣어서 방향제를 멋지게 꾸며 보세요. 만약 꽃을 사용한다면 일주일 정도 후, 곰팡이가 피기 전에 방향제를 버리세요.

원리 파헤치기

겔화제는 사슬 모양의 긴 분자로 이루어져 있는데 이를 폴리머, 즉 고분자 중합체라고 부릅니다. 폴리머는 뜨거운 물에 녹은 후 식으면 서로 교차 결합을 합니다. 이때 폴리머는 3차원 구조를 만드는데 이 구조는 겔의 모양을 유지하는 동시에 안에 물을 가지고 있습니다. 에센셜 오일 또한 겔에 갇힙니다. 따라서 에센셜 오일은 더 천천히 증발하고 방에는 더 오랫동안 좋은 향기가 나지요.

우리 주변의 과학
과학: 콘택트렌즈

소프트 콘택트렌즈는 물과 플라스틱이 포함된 겔로 만들어 집니다. 겔은 렌즈를 착용할 때 이물감을 줄여 눈을 좀 더 편안하게 만들고 산소를 투과시켜 눈으로 전달되도록 합니다. 눈은 혈관이 없어서 산소를 공기에서 바로 얻기 때문에 산소가 잘 투과하는 것이 매우 중요합니다.

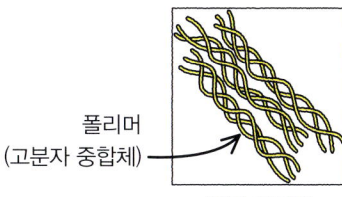 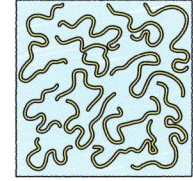 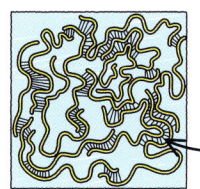

폴리머 (고분자 중합체) — 마른 겔화제 | 뜨거운 물에 녹은 상태 | 분자 간 교차 결합 — 식은 후

산과 염기
거품탑

이번에는 부엌을 실험실로 바꿀 것입니다. 이번 실험에서 가장 중요한 것은 두 물질 사이의 화학 반응입니다. 두 물질이란 식초와 같은 산성 물질과 탄산수소나트륨과 같은 염기성 물질을 말합니다. 이 화학 반응은 많은 거품을 만들고 거품은 기름이 가득 찬 병을 통과했다가 다시 가라앉습니다. 지시약을 사용하면 이 효과를 잘 관찰할 수 있습니다. 붉은 양배추를 이용해 산성에서는 붉게, 염기성에서는 청록색으로 변하는 지시약을 만들어 멋진 거품탑을 관찰해 봅시다.

화학 반응으로 만들어지는 거품은 기름을 통과해 떠오릅니다.

꽃병 바닥에 있는 분홍색 용액에는 산성 물질과 pH 지시약이 들어 있습니다.

유리컵 바닥에서 일어나는 화학 반응 때문에 거품이 생깁니다.

거품탑 만들기

실험을 하기에 앞서서 pH 지시약을 만들어야 합니다. 따뜻한 물에 붉은 양배추 조각을 넣으세요. 그다음에는 산성인 식초를 첨가합니다. 꽃병 안에서 화학 반응이 일어나면 아름다운 색깔의 거품이 오르내리는 것을 볼 수 있습니다. 실험이 모두 끝나면 기름을 잘 처리하세요. 싱크대에 버리면 안 됩니다.

1 작은 그릇에 따뜻한 물을 절반 정도 채우세요. 붉은 양배추의 껍질을 가위로 잘라 물에 넣으세요. 물이 진한 보라색으로 변할 때까지 약 10분 정도 기다리세요.

시간 15분 **난이도** 쉬움

준비물

계량컵, 붉은 양배추, 가위, 작은 그릇, 숟가락, 탄산수소나트륨, 식초, 식물성 기름, 큰 꽃병, 큰 그릇, 체

2 과정 1에서 만든 혼합물을 체로 걸러 큰 그릇에 담으세요. 남은 양배추는 음식물 쓰레기통에 넣거나 퇴비로 활용하세요.

3 과정 2에서 만든 보라색 용액 50mL를 계량컵에 넣으세요. 지시약이 완성되었습니다.

4 식초 50mL를 지시약에 넣으세요. 용액이 눈 깜짝할 새에 밝은 분홍색으로 바뀝니다. 이는 식초가 산성을 띠기 때문이지요.

지시약은 산성 물질과 섞일 때 색깔이 변합니다.

5 숟가락으로 꽃병이나 긴 유리컵에 탄산수소나트륨을 넣으세요. 바닥을 가릴 정도로 충분히 넣어야 합니다.

6 탄산수소나트륨 위에 기름을 부으세요. 꽃병의 $\frac{2}{3}$만큼 채워야 합니다.

기름을 넣을 때 천천히 부드럽게 흘려 넣어 탄산수소나트륨과 섞이지 않도록 하세요.

7 과정 4에서 만든 식초를 천천히 꽃병에 부으세요. 식초가 탄산수소나트륨을 만나자마자, 붉은색 거품이 기름을 통과해 올라오는 것을 볼 수 있습니다. 그다음엔 어떤 일이 일어나요? 화학 반응이 지속되는 동안 거품 속 액체의 산도(pH)가 바뀌기 때문에 거품의 색깔이 점점 바뀔 것입니다.

기름은 식초보다 밀도가 낮기 때문에 식초 위로 뜹니다.

산과 염기의 화학 반응으로 인해 이산화탄소 거품이 만들어집니다.

이렇게도 해 봐요!

여러분이 만든 지시약을 다른 물질과 섞어 보고 어떤 색으로 변하는지 관찰하세요. 반드시 어른과 함께하세요. 왜냐하면 집에 있는 물질들 중 일부는 눈에 튀거나 묻으면 해롭기 때문입니다. 특히 집에서 사용하는 물건들을 입에 넣지 마세요. 생수나 레모네이드, 액체 비누, 베이킹파우더, 오렌지 주스 등으로 먼저 시도해 보세요.

과학자들은 용액이 산성인지 염기성인지 측정하기 위해 0~14까지의 단계로 나뉜 pH 척도를 사용합니다. 산성도 염기성도 아닌 순수한 물은 중성이라고 합니다. 순수한 물은 pH 7입니다. 이를 기준으로 pH 값이 7보다 작은 용액을 산성, 7보다 큰 용액을 염기성이라고 합니다. 붉은 양배추 지시약은 산성에서 붉은색, 중성에서 보라색, 염기성에서는 청록색 또는 녹색을 나타냅니다.

집에서 사용하는 물건들

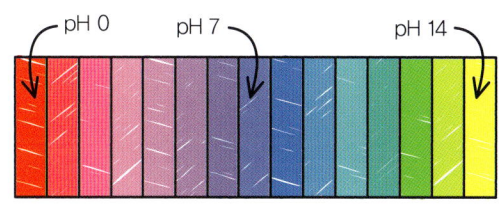

붉은 양배추 pH 척도

원리 파헤치기

식초는 산성 용액입니다. 식초는 기름보다 밀도가 높아서 꽃병에 부을 때 밑으로 가라앉습니다. 가라앉은 식초는 탄산수소나트륨과 반응하여 이산화탄소 거품을 만듭니다. 이 거품들은 기름보다 밀도가 낮아서 위로 떠오릅니다. 표면에 다다른 이산화탄소 거품이 터지면 거품 속의 식초는 다시 아래로 가라앉습니다. 이때 붉은 양배추 속의 보라색 색소가 pH 척도 역할을 합니다. 이 색소는 용액이 얼마나 산성도를 띠는지에 따라 색이 변합니다. 처음에는 분홍색이지만 화학 반응에서 산성 물질이 점차 사라지면 청록색으로 변합니다.

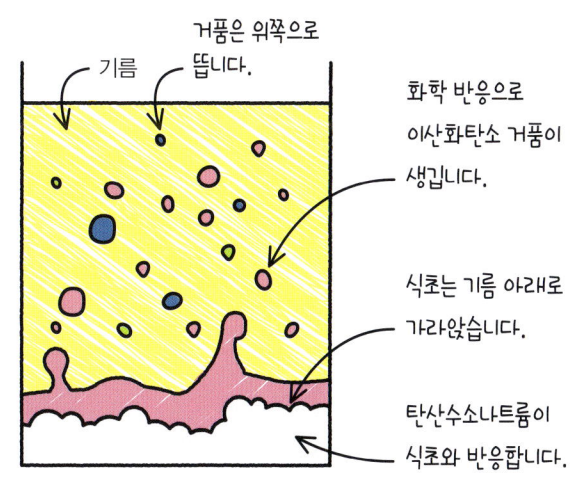

우리 주변의 과학
기술: 베이킹

베이킹파우더를 이용해 케이크를 만들어 본 적이 있나요? 베이킹파우더는 가루로 된 산성 물질인 분말산이 섞인 탄산수소나트륨입니다. 베이킹파우더를 케이크 재료와 섞으면 베이킹파우더는 물에 녹아 반응이 일어납니다. 열을 가하면 반응 속도가 빨라지고 이산화탄소 거품이 발생해 케이크를 부풀게 합니다.

구리 도금
구리의 화학 반응

부엌은 훌륭한 화학 실험실입니다. 이번 실험에서 여러분은 부엌에 있는 식초와 소금을 이용해 멋진 실험을 할 것입니다. 식초와 소금, 동전과 못을 이용하면 신기한 화학 반응을 관찰할 수 있습니다. 동전은 반짝반짝 빛이 나며 마치 새것처럼 바뀌고 은색이었던 못은 구리로 도금되어 색이 변하지요. 바로 부엌으로 출발해 볼까요?

소금과 식초가 동전을 반짝거리게 만듭니다.

구리는 소금, 산과 반응하여 염화구리라 불리는 청록색 물질을 만듭니다.

구리로 도금해 색이 변한 못

구리로 도금한 동전은 소금과 식초에 반응하여 청록색 용액을 만듭니다.

구리의 화학 반응

앞으로 할 실험에서 사용할 식초는 약한 산성 물질입니다. 피부에 닿아도 해롭진 않지만 눈에 튀면 약간 따끔할 수 있습니다. 만일 눈에 튀면 깨끗한 물로 눈을 씻으세요. 식초나 소금을 쏟으면 키친 타월로 닦으세요.

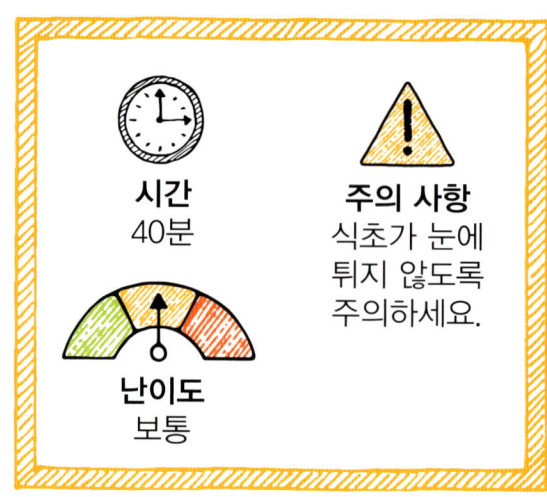

시간 40분

주의 사항 식초가 눈에 튀지 않도록 주의하세요.

난이도 보통

준비물

유리그릇, 아연 도금을 하지 않은 못, 10원짜리 동전 10개, 작은 숟가락(티스푼), 소금, 계량컵, 플라스틱 그릇, 도자기 그릇, 키친타월, 식초

실험 1 - 반짝반짝 빛나는 동전

1 10원짜리 동전 10개를 유리그릇에 넣으세요.

동전은 전부 구리로 만들어진 것은 아니지만 구리로 도금되어 있습니다.

2 그릇에 식초를 붓고 동전을 완전히 잠기게 하세요. 식초에는 아세트산이라는 화학 물질이 들어 있습니다. 이 아세트산이 동전과 반응합니다.

구리의 화학 반응 | 85

소금 속의 염소는 동전에 있는 구리가 더 잘 녹도록 도와줍니다

3 이제 소금을 $\frac{1}{2}$ 티스푼만큼 넣고 저으세요. 소금은 나트륨과 염소로 이루어져 있습니다. 10분 정도 그대로 두세요.

4 동전은 점점 새것처럼 반짝거릴 것입니다. 동전을 유리그릇에서 꺼내 다른 그릇에 두세요.

원리 파헤치기

우리 주위에 있는 대부분의 물질은 원자라고 불리는 작은 입자로 이루어져 있습니다. 서로 다른 원자들은 각기 다른 방식으로 결합하여 화합물을 형성합니다. 화학 반응에서 원자는 분리되고 다른 원자와 결합하며 새로운 화합물을 만듭니다. 10원짜리 동전은 처음에는 반짝거리지만 시간이 갈수록 어두운 갈색으로 변합니다. 왜냐하면 동전을 감싸고 있는 구리가 공기 중의 산소 원자와 반응하여 산화구리를 만들기 때문입니다. 식초에는 아세트산이 들어 있는데 이 화합물은 수소 이온을 내보내며 물속에서 쪼개집니다. 수소 이온은 산화구리와 반응하여 동전으로부터 산화구리를 벗겨내고 동전은 새것처럼 반짝이게 되지요. 소금은 이 반응을 더 빠르고 잘 일어나게 도와줍니다.

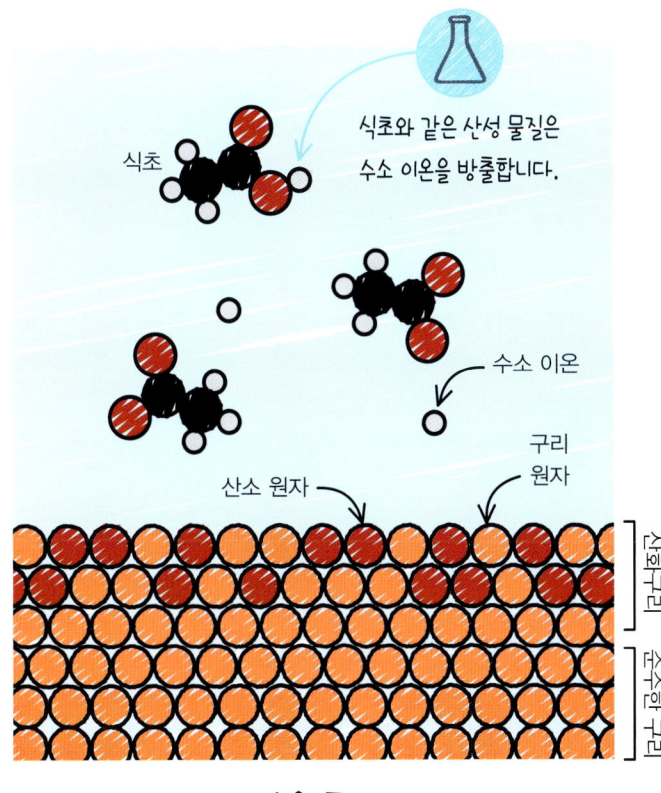

반응 초기   반응 후기

실험 2 - 구리로 못 도금하기

1. 실험 1에서 사용한 유리그릇 속 용액에는 구리가 녹아 있습니다. 못을 이 용액에 넣으세요.

구리로 도금된 못

2. 약 20분 후에 못을 꺼내세요. 못이 구리로 도금되어 색깔이 변한 것을 확인할 수 있습니다.

원리 파헤치기

못은 몇 가지 물질로 이루어져 있지만 대부분 철로 만들어집니다. 못의 표면에서 나온 철 원자는 용액에 녹습니다. 그리고 용액에 있던 구리 원자가 철 원자의 자리를 대신합니다. 따라서 은색이었던 못이 구리 색으로 변하게 됩니다.

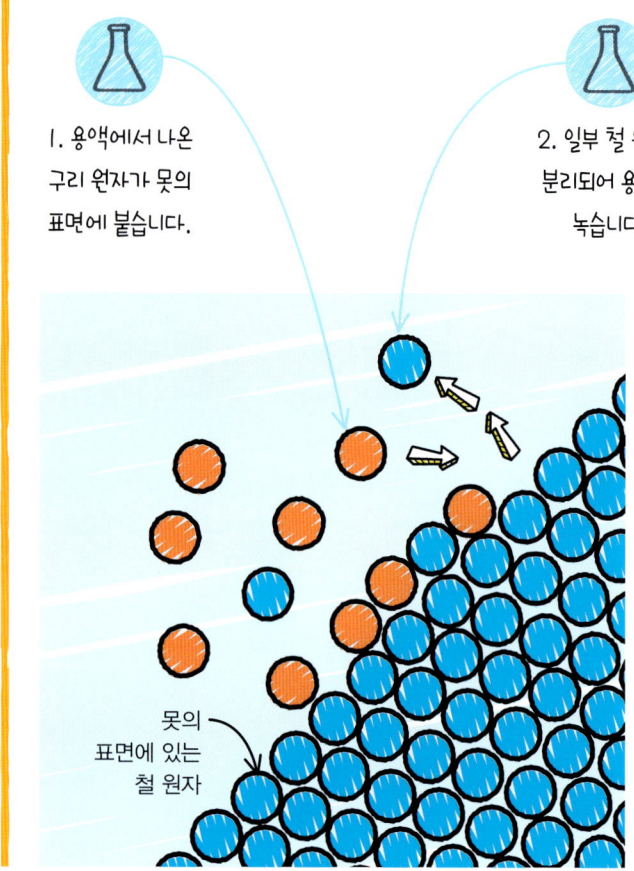

1. 용액에서 나온 구리 원자가 못의 표면에 붙습니다.

2. 일부 철 원자는 분리되어 용액에 녹습니다.

못의 표면에 있는 철 원자

이렇게도 해 봐요!

식초와 소금, 구리를 이용해 반응이 좀 더 오랫동안 지속되도록 실험을 바꿔 봅시다. 유리병과 동전을 준비하여 다음 과정을 따라 실험해 보세요.

1. 식초 50mL를 계량컵에 담으세요. 소금을 $\frac{1}{2}$티스푼만큼 넣으세요. 소금이 녹을 때까지 저으세요.

2. 유리병에 동전을 넣고 과정 1의 용액을 부으세요.

구리의 화학 반응   87

실험 3 - 염화구리 만들기

1 키친타월을 접어 플라스틱 그릇에 사진처럼 넣으세요. 식초를 부어 키친타월을 흠뻑 적시세요.

2 실험 1에서 만든 깨끗한 구리 동전 하나를 플라스틱 그릇에 넣으세요.

3 동전이 완전히 덮힐 때까지 소금을 넣으세요.

구리는 소금에서 나온 염소와 반응하여 청록색의 염화구리($CuCl_2$)를 만듭니다.

4 한 시간 또는 두 시간 이상 그대로 두세요. 시간이 지나면 동전 표면에서 청록색의 염화구리를 볼 수 있습니다.

원리 파헤치기

구리 동전을 소금과 식초에 오랫동안 담가 두면 화학 반응이 일어납니다. 소금은 나트륨과 염소로 이루어져 있습니다. 이 중 염소는 구리와 반응을 하여 염화구리라 불리는 염을 만듭니다. 이 화합물은 밝은 청록색을 띠지요.

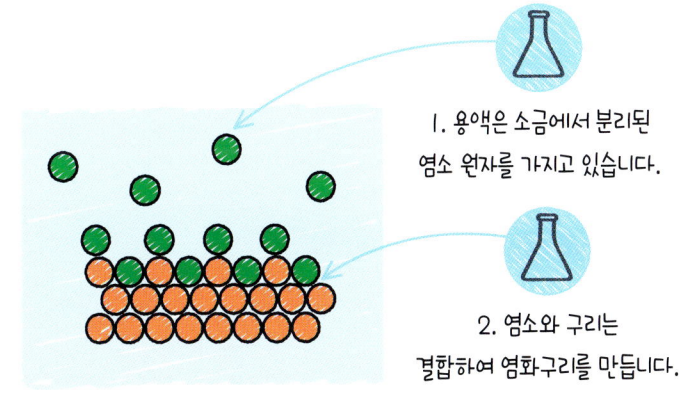

1. 용액은 소금에서 분리된 염소 원자를 가지고 있습니다.

2. 염소와 구리는 결합하여 염화구리를 만듭니다.

구리는 염소와 결합하여 염화구리를 만듭니다.

시간이 지나고 공기가 계속 들어갈수록 용액은 갈색으로 변합니다.

결국 용액은 투명해지지만 바닥에는 거무스름한 산화구리 침전물이 생깁니다.

형태와 구조

건물이나 다리는 안정적으로 서 있을 만큼 튼튼해야 합니다. 또 위에 놓인 무거운 물체를 지탱할 수 있어야 하지요. 이런 구조물들은 어떻게 하중(무게)을 견딜 수 있을까요? 그것은 구조물의 재료와 모양, 만드는 방식에 달려 있습니다. 이번 실험에서 여러분은 스파게티와 마시멜로를 이용해 튼튼하고 높은 탑을 만들고 종이와 모래, 빨대를 이용해 아주 튼튼한 구조물을 만들 것입니다.

건축의 과학
스파게티 탑

탑이 바로 서려면 탑 자체의 무게 때문에 무너지지 않을 정도로 튼튼하고 견고해야 합니다. 또 밑부분이 안정감이 있어야 하지요. 이 탑은 삼각형 모양으로 만들기 때문에 튼튼합니다. 또 탑의 밑부분이 넓기 때문에 넘어지거나 흔들리지 않지요.

탑은 반드시 똑바로 서야 합니다. 그렇지 않으면 중력 때문에 무너지고 맙니다.

삼각형은 모양이 쉽게 틀어지지 않기 때문에 튼튼합니다.

탑의 주요 연결 부위는 두 개의 정육면체가 쌓여 있는 모양입니다.

탑의 기초가 되는 밑부분은 탑의 무게를 지탱합니다.

스파게티 탑 만들기

탑을 만들기 위해 필요한 것은 스파게티와 마시멜로, 그리고 인내심과 신중함입니다. 말랑말랑한 마시멜로는 스파게티를 연결하고 끝부분을 고정합니다. 스파게티는 탑의 뼈대가 되지요. 탑을 다 만들기 전에 달콤한 마시멜로를 먹어치우면 안 됩니다!

시간 20분   **난이도** 보통

준비물

마시멜로

스파게티

1 마시멜로 네 개와 스파게티 네 개로 정사각형을 만드세요. 사진처럼 한쪽을 잡고 살짝 밀면 모양이 쉽게 비틀어집니다. 따라서 정사각형은 탑을 만들기에 적합하지 않지요.

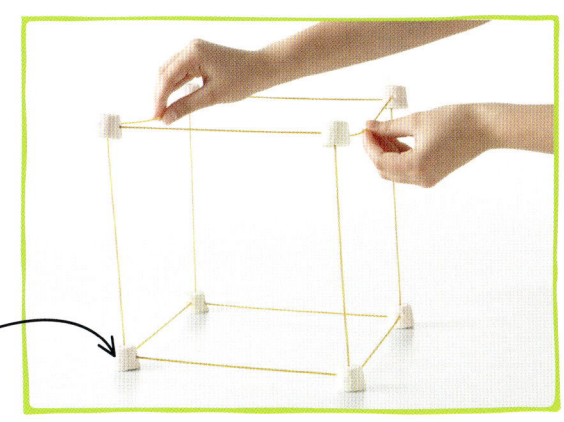

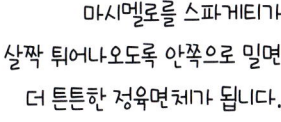
마시멜로를 평평한 책상 위에 놓습니다.

2 이번에는 정육면체를 만든 다음, 살짝 비틀어보세요. 역시 쉽게 기울어지고 안정적이지 않습니다.

마시멜로를 스파게티가 살짝 튀어나오도록 안쪽으로 밀면 더 튼튼한 정육면체가 됩니다.

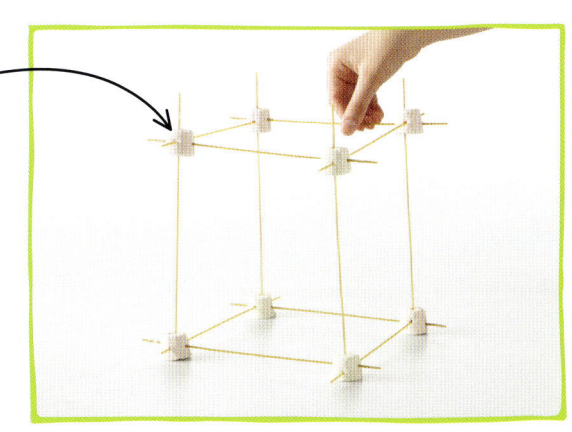

3 정육면체를 더 튼튼하게 만들기 위해 대각선 방향으로 스파게티를 추가할 것입니다. 스파게티가 마시멜로를 통과하도록 마시멜로를 안쪽으로 살짝 밀어 조금 더 작은 정육면체를 만드세요.

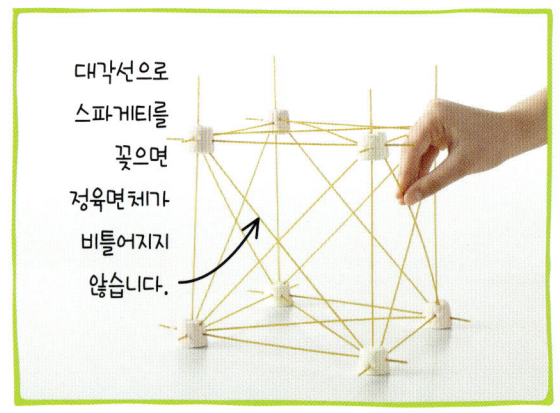

대각선으로 스파게티를 꽂으면 정육면체가 비틀어지지 않습니다.

대각선 버팀목들은 삼각형 모양을 하고 있기 때문에 정육면체의 각 면을 더 튼튼하게 만듭니다.

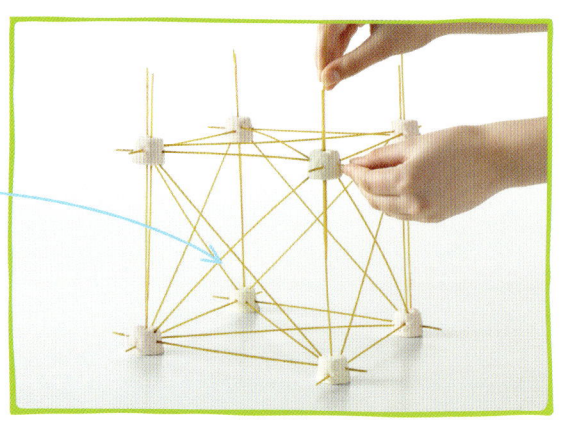

4 정육면체의 여섯 개의 면에 대각선 방향으로 스파게티를 추가하세요. 이 스파게티는 버팀목 역할을 합니다.

5 사진처럼 스파게티를 수직 방향으로 하나씩 더 추가하여 좀 더 튼튼한 탑을 만드세요.

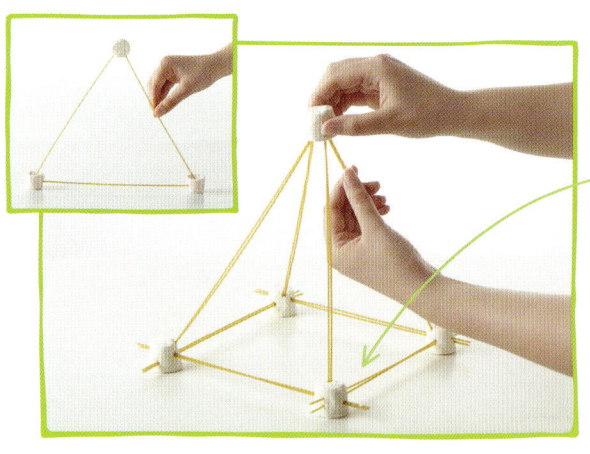

지붕의 정사각형 바닥은 탑의 정육면체의 한쪽 면과 크기가 같아야 합니다.

6 이제 지붕을 만듭니다. 먼저 작은 사진처럼 삼각형을 만드세요. 삼각형은 밀어도 비틀어지지 않기 때문에 사각형보다 더 튼튼하다는 것을 알 수 있습니다. 스파게티와 마시멜로를 추가해 바닥이 정사각형 모양인 피라미드를 만드세요.

7 오른쪽 사진처럼 스파게티를 더 꽂아 정육면체를 하나 더 만든 다음, 과정 5에서 만든 정육면체 위에 조심스럽게 고정하세요. 과정 6에서 만든 지붕을 올리세요. 이제 완성입니다!

두 번째로 만든 정육면체의 마시멜로(밑부분)를 처음 만든 정육면체의 스파게티에 꽂으세요.

이렇게도 해 봐요!

이제 여러분은 스파게티 탑을 만들 수 있습니다. 또 다른 모양의 탑을 만들어 보세요. 더 많은 스파게티와 마시멜로를 이용해 큰 탑을 만들 수 있습니다. 새로운 모양의 탑을 만들려면 세심한 계획이 필요합니다. 어떻게 하면 더 높고 큰 탑을 만들 수 있을까요? 스파게티 조각이 짧을수록 쉽게 비틀어지거나 부러지지 않습니다. 짧은 스파게티 조각들을 이용해 더 큰 탑을 만들어 보세요. 또 탑을 좀 더 안정적으로 만들고 싶다면, 탑의 밑부분은 넓게 만들고 위로 올라갈수록 비슷하거나 더 좁게 만드세요!

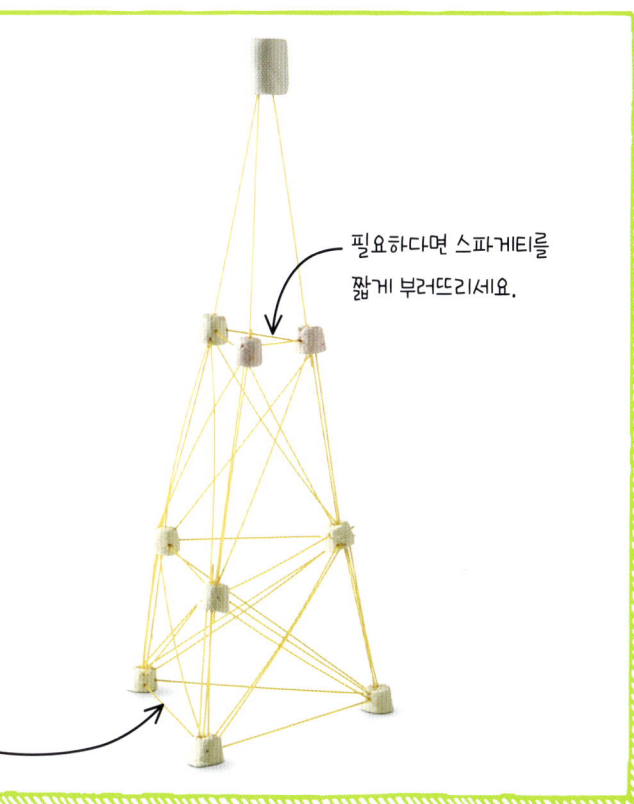

필요하다면 스파게티를 짧게 부러뜨리세요.

정사각형 대신 삼각형으로 밑부분을 만들어 탑을 쌓으세요.

원리 파헤치기

삼각형은 여러분이 만든 탑의 안정성과 강도를 결정하는 중요한 열쇠입니다. 밀면 기울어지거나 평행사변형으로 바뀌는 사각형과 달리 삼각형은 모양이 쉽게 바뀌지 않고 견고하게 서 있습니다. 탑의 밑부분 또한 넓어야 합니다. 모든 물체는 매달거나 받쳤을 때 균형을 이루는 점인 무게중심이 있습니다. 무게중심은 물체의 질량의 중심으로 모든 질량이 집중되는 곳입니다. 물체는 무게중심이 밑부분에 있을 때 가장 안정적입니다. 만약 물체가 너무 기울어서 무게중심이 밑부분을 벗어나면 결국 무너집니다.

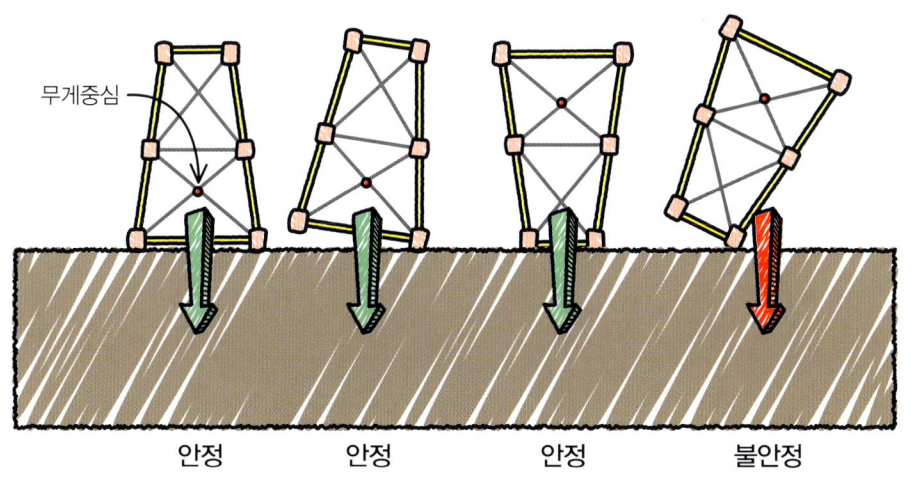

무게중심 / 안정 / 안정 / 안정 / 불안정

우리 주변의 과학
공학: 도쿄 스카이트리

높이 634m의 일본 도쿄 스카이트리는 세계에서 가장 높은 타워입니다. 이 타워는 튼튼한 삼각형으로 배열된 강철관으로 만들어졌고, 밑부분은 꼭대기보다 훨씬 넓습니다.

튼튼한 원기둥
신문지 의자

한 장의 신문지는 매우 얇고 약합니다. 쉽게 접거나 구길 수 있기 때문에 신문지로 튼튼한 물건을 만들기 어려워 보이지요. 하지만 신문지 여러 장을 모아서 적절한 방법을 활용하면 심지어 여러분의 몸무게도 지탱할 수 있는 의자를 만들 수 있습니다.

박스 테이프로 신문지 롤을 뭉쳐서 의자를 만들 수 있습니다.

신문지 한 장은 전혀 힘이 없습니다.

신문지 롤은 접착테이프로 고정하면 됩니다.

신문지 의자 만들기

이번 실험을 하려면 많은 양의 신문지가 필요합니다. 의자를 무너지지 않고 단단하게 만들고 싶다면 신문지를 아주 탄탄하게 말아야 합니다. 어쩌면 친구의 도움이 필요할지도 모르지요. 한 사람은 신문지를 말고, 다른 사람은 테이프로 고정하면 됩니다. 만약 의자를 다시 해체하고 싶다면 테이프를 먼저 제거한 후, 신문지를 재활용하면 됩니다.

1 약 20장의 신문지를 한 번에 돌돌 마세요. 가능한 한 단단하게 말아 올리세요. 만든 신문지 롤은 강하고 단단해야 합니다.

시간 45분　**난이도** 쉬움

준비물

접착테이프　박스 테이프　가위　신문지

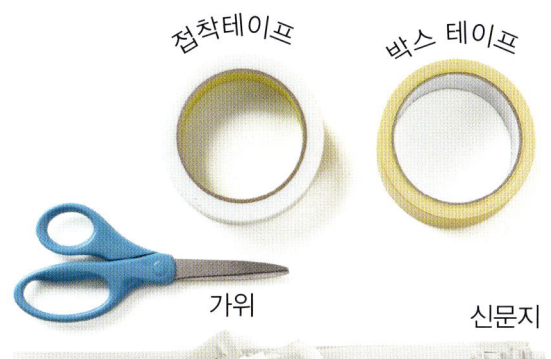

신문지 롤이 풀리지 않게 가능한 한 단단하게 마세요.

2 과정 1에서 만든 신문지 롤의 양쪽을 접착테이프로 고정하세요. 필요하다면 친구나 부모님에게 도움을 요청하세요. 과정 **1~2**를 반복해 모두 25개의 긴 신문지 롤을 만드세요.

3 신문지 20장 정도를 반으로 자르세요. 이것으로 짧은 신문지 롤을 만들 것입니다.

4 신문지를 말아 올린 다음, 테이프로 고정하세요. 이제 앞서 만든 신문지 롤 절반 길이의 롤 두 개가 만들어졌습니다.

 박스 테이프는 접착제와 천, 플라스틱으로 만들어져 있기 때문에 방수 기능이 있습니다.

5 위 사진처럼 가운데에 짧은 롤 하나를 놓고 양쪽에 네 개씩 모두 8개의 긴 신문지 롤을 두세요. 박스 테이프로 롤을 감싸 고정하세요. 남은 신문지 롤로 이 과정을 반복하세요.

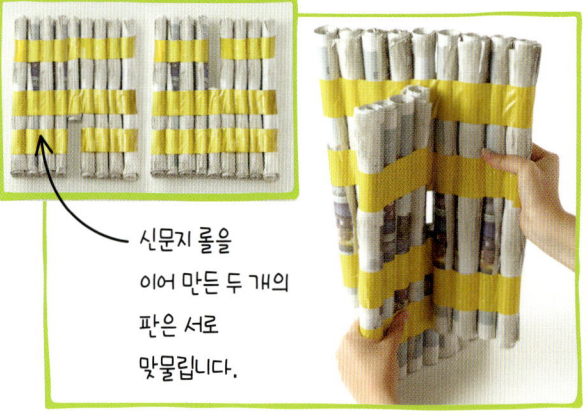

신문지 롤을 이어 만든 두 개의 판은 서로 맞물립니다.

6 과정 5에서 만든 신문지 롤의 틈을 이용해 위 사진처럼 끼우세요. X자 모양의 구조물은 스스로 설 수 있습니다.

신문지 롤은 단단하게 압축되어 있어 여러분의 몸무게를 충분히 지탱할 수 있습니다.

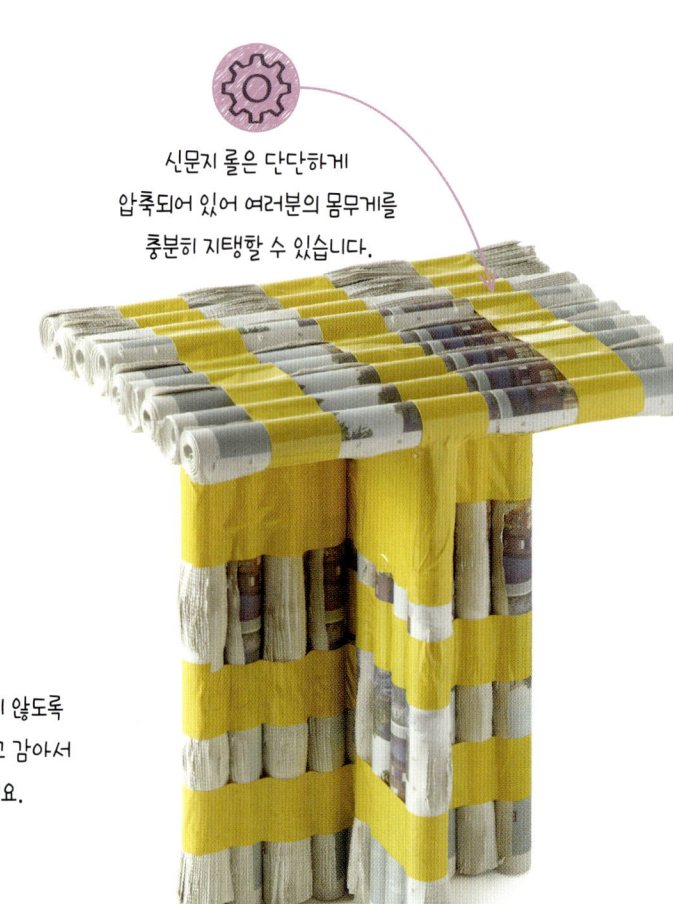

앉는 부분이 떨어지지 않도록 테이프를 많이 붙이고 감아서 단단하게 고정하세요.

7 이제 앉는 부분을 만들 차례입니다. 남은 9개의 신문지 롤을 박스 테이프로 단단하게 연결하고 고정하세요. 과정 6에서 만든 X자 모양의 신문지 롤을 지금 만든 롤 묶음 위에 세우고 박스 테이프로 여러 번 감아서 고정하세요.

8 만든 의자를 똑바로 세우세요. 9개의 신문지 롤이 위쪽으로 가도록 하면 됩니다. 이제 의자가 완성되었습니다. 한번 앉아 보세요!

신문지 롤은 X자 모양을 하고 있어서 의자를 좀 더 안정적으로 만듭니다.

원리 파헤치기

의자를 만들기 위해 사용한 신문지 롤이 튼튼한 이유는 두 가지입니다. 신문지를 말면 원기둥 모양이 됩니다. 원기둥은 다른 기둥과 달리 모서리가 없기 때문에 모든 부분이 튼튼합니다. 어떤 부분도 다른 부분보다 약한 곳이 없지요. 두 번째로 신문지를 아주 단단히 말면 원기둥의 밀도가 높아집니다. 즉 같은 부피 안에 더 많은 물질이 있으므로 밀도가 높아지지요. 반대로 신문지를 느슨하게 말면 밀도는 낮아지기 때문에 단단하게 말았을 때보다 약합니다.

여러분의 몸무게를 지탱하는 힘은 신문지를 이루는 분자로부터 옵니다. 의자 위에 앉으면 무게 때문에 신문지가 약간 짓눌립니다. 이때 신문지를 이루는 분자가 무게에 의해 서로 가까워지기 때문에 반대 방향으로 똑같은 크기의 힘이 작용합니다. 마치 물체 사이에 용수철이 있는 것과 비슷합니다.

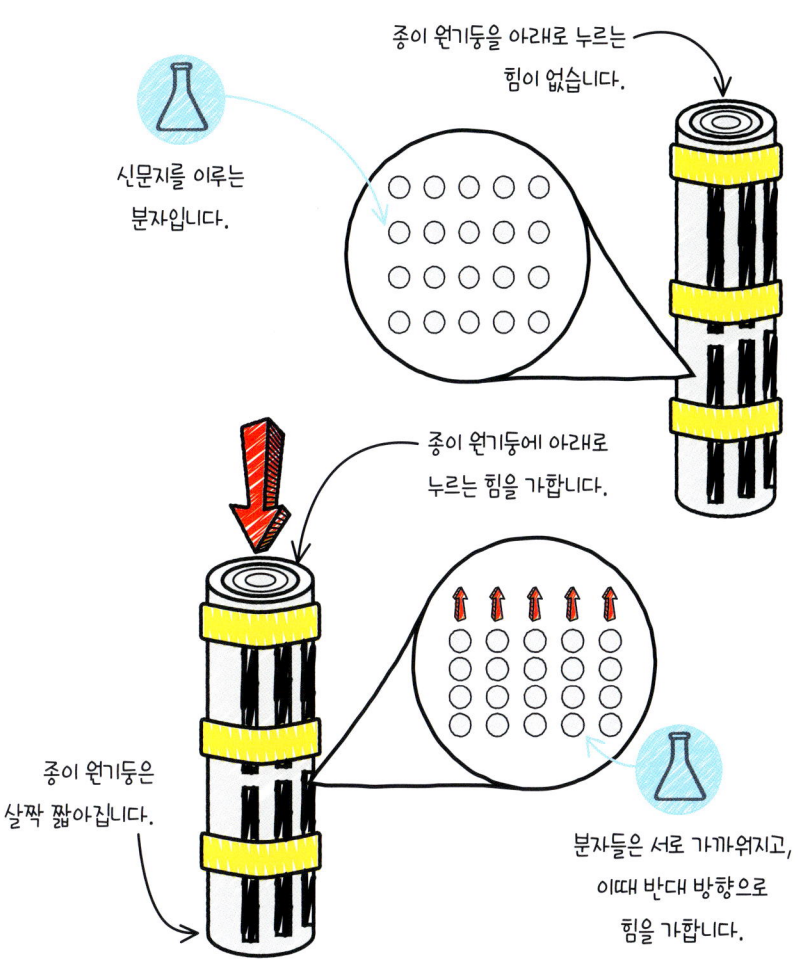

우리 주변의 과학
공학: 압축된 기둥

사진처럼 커다란 건축물을 지탱하는 기둥은 원기둥 모양을 하고 있습니다. 신문지 의자처럼 이 기둥들도 압축되어 매우 단단하고 튼튼합니다. 특히 건축물의 기둥들은 밀도가 높은 돌로 만들어졌기 때문에 종이보다 훨씬 강합니다.

우리 주변의 과학
과학: 속이 빈 뼈

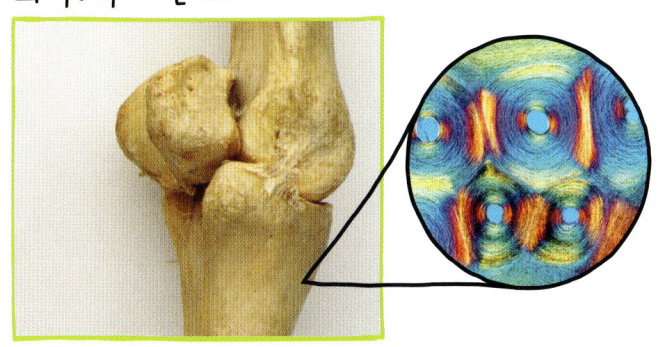

여러분의 몸무게를 지탱하는 다리의 긴 뼈들도 신문지 의자와 비슷한 방법으로 무게를 지탱합니다. 뼈는 적혈구를 만드는 골수가 들어 있는 가운데는 비어 있지만 골수를 감싸는 바깥쪽은 매우 밀도가 높고 튼튼합니다. 뼈의 밀도는 뼈단위(골원)라고 부르는 수많은 작은 관으로 이루어져 있습니다. 뼈단위 하나는 매우 약하지만 여러 개의 신문지 롤이 무게를 지탱하는 것처럼 뼈단위 다발도 뼈를 아주 단단하게 만듭니다.

장력과 압축력
현수교

기술자들은 콘크리트와 강철 케이블로 거대한 현수교를 만듭니다. 콘크리트로 만들어진 기둥은 케이블을 지탱하고, 케이블은 도로를 지탱하기 때문에 수백 대의 자동차와 트럭들이 한 번에 지나가도 무너지지 않습니다. 어떻게 기둥과 케이블이 엄청난 무게를 지탱하는지 알아보는 가장 좋은 방법은 무엇일까요? 바로 현수교 모형을 만드는 것입니다. 이번 실험에서 콘크리트 대신 빨대를 이용하고, 케이블 대신 줄을 이용해 현수교 모형을 만들어 어떤 힘이 어떻게 작용하여 강력하고 안정적인 다리를 만드는지 알아봅시다.

기둥은 빨대 다발로 만듭니다.

도로가 케이블에 매달린 모양을 하고 있기 때문에 이 다리를 현수교(달 현懸, 드리울 수垂, 다리 교橋)라고 부릅니다.

도로는 골판지로 만듭니다.

수직으로 연결된 케이블이 도로를 지탱합니다.

메인 케이블은 다리 양쪽 끝 지면에 고정되어 있습니다.

현수교는 넓은 상판을 걸쳐 놓아 강 건너까지 닿을 수 있습니다.

현수교 만들기

다리 기둥의 기초가 되는 밑부분은 치약 상자로 만듭니다. 만일 치약 상자가 없다면 골판지로 알맞은 크기의 상자를 만드세요. 기둥 부분은 빨대 다발로 만듭니다. 각 다발은 15개의 빨대로 이루어져 있습니다. 만일 여러분이 준비한 빨대가 이 실험에서 사용한 것보다 더 굵으면 빨대를 좀 더 적게 사용하고, 더 가늘면 더 많이 사용하세요.

시간 60분 / 난이도 어려움

준비물

- 양면테이프
- 강력 테이프
- 줄
- 고무줄
- 펀치
- 가위
- 회색 물감
- 아이스크림 막대 4개
- 연필
- 네임펜
- 붓
- 흰색 물감
- 작은 조약돌
- 자
- 치약 상자 2개 (5cm×5cm×20cm)
- 골판지
- 빨대 다발 4개

테이프로 빨대 다발을 고정시키기 전에 고무줄을 이용해 임시로 묶어두세요.

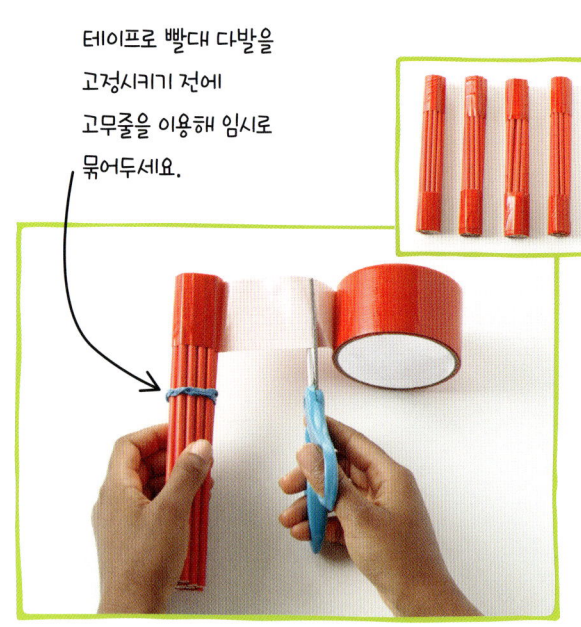

1. 15개의 빨대를 모아 빨대 다발 하나를 만드세요. 강력 테이프를 잘라 다발의 양쪽을 고정하세요. 이 과정을 반복해 모두 네 개의 빨대 다발 기둥을 만드세요.

2. 아이스크림 막대 두 개를 위 사진처럼 빨대 기둥 위를 가로지르도록 놓은 뒤 강력 테이프로 단단하게 고정하세요. 나머지 기둥에도 똑같이 반복하세요.

현수교 101

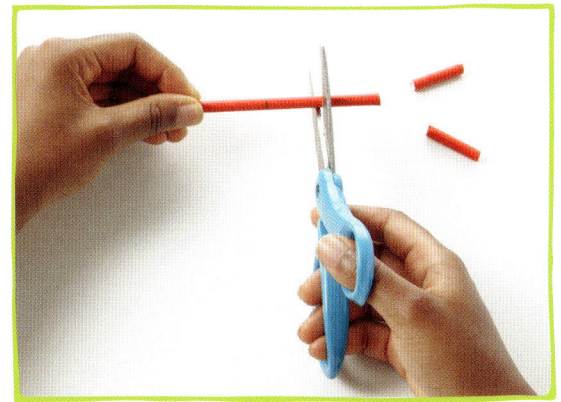

3 남은 빨대 하나를 2.5cm 길이로 잘라 모두 네 조각을 만드세요. 이 조각은 다리의 메인 케이블을 제자리에 고정시키는 역할을 합니다.

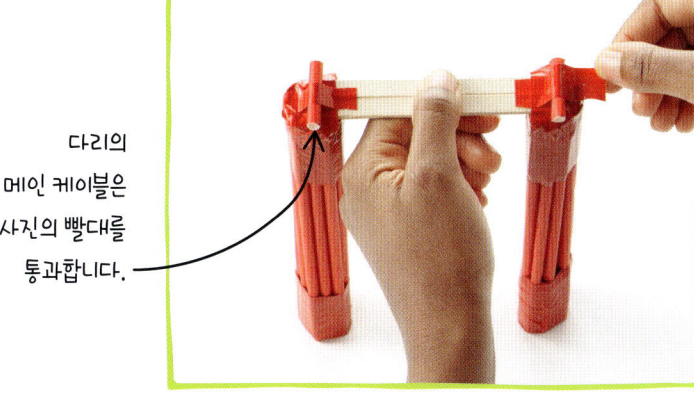

다리의 메인 케이블은 사진의 빨대를 통과합니다.

4 빨대 조각들을 위 사진처럼 테이프로 고정하세요. 이때 아이스크림 막대와 빨대 조각은 90도를 이루도록 합니다.

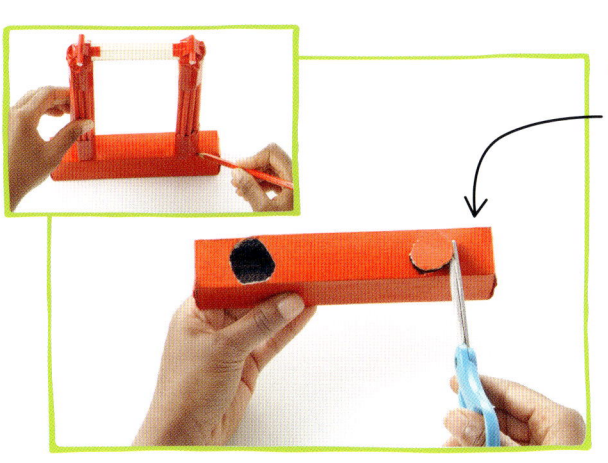

치약 상자를 먼저 색칠해도 좋습니다.

조약돌은 다리를 좀 더 안정적으로 만드는 밸러스트 역할을 합니다.

5 치약 상자 한쪽 면에 빨대 기둥의 밑부분을 대고 연필로 둘레를 따라 그리세요. 가위로 선을 따라 자른 다음, 기둥을 구멍에 끼우세요.

6 치약 상자를 조약돌로 채우세요. 이때 상자에 넣은 기둥의 위치를 조절하여 조약돌이 상자를 가득 채울 수 있도록 하세요. 다 넣은 후 상자를 닫고 강력 테이프로 고정하세요.

7 골판지를 너비 20cm의 정사각형 모양으로 잘라 두 개의 조각을 만드세요. 회색이나 원하는 색으로 칠하세요. 이 정사각형 조각은 다리가 서 있는 바닥이 됩니다.

색칠한 부분이 위로 오도록 하세요.

8 물감이 다 마르면 테이프를 이용해 치약 상자를 붙이세요. 오른쪽 사진처럼 직사각형 조각 한쪽 끝에 상자의 모서리를 맞춰 붙이세요.

도로 가운데에 흰색 선을 칠하세요. 다른 색으로 칠해도 좋습니다.

9 이제 도로를 만들 차례입니다. 길이 1m로 골판지를 자르고, 너비는 두 기둥 사이의 틈만큼 자르세요. 그리고 회색으로 칠하세요.

10 양면테이프를 위 사진처럼 두 기둥 사이에 붙이고 보호필름을 벗기세요.

사진처럼 테이프로 도로를 고정하세요.

11 도로를 기둥 사이의 양면테이프 위에 놓고 단단히 고정하세요. 한쪽으로 튀어나온 도로는 바닥의 모서리 부분에 테이프로 고정하세요.

12 다리 위에 물건을 올려놓으면 다리가 축 처집니다. 따라서 다리가 하중(무게)을 지탱할 수 있도록 케이블이 필요합니다.

13 펜으로 도로의 양쪽에 10cm 간격으로 점을 찍어 케이블을 연결할 곳을 표시하세요.

도로의 모서리에 구멍을 뚫지 않도록 주의하세요.

14 펀치를 이용해 표시한 부분을 모두 뚫으세요. 이때 구멍이 도로의 가장자리로 너무 몰리지 않도록 주의하세요.

현수교 103

15 이제 케이블을 만드세요. 길이가 1.5m인 줄을 두 개 만들고, 길이가 15cm인 짧은 줄을 10개 만드세요.

16 아래 사진처럼 기둥 위에 있는 빨대 조각에 긴 줄을 각각 넣으세요. 두 개의 케이블은 서로 평행합니다.

긴 줄은 다리의 메인 케이블입니다. 진짜 다리에서 케이블은 강철로 만듭니다.

17 위 사진처럼 다리의 바닥 양쪽 끝에 구멍을 내고, 메인 케이블을 그 구멍에 넣어 고정하세요. 이때 케이블을 너무 팽팽하게 잡아당기지 마세요. 케이블은 다리 가운데에 살짝 느슨하게 걸려 있어야 합니다.

다리의 가운데 부분부터 시작해서 바깥쪽으로 줄을 연결하세요.

18 짧은 줄로 도로의 구멍과 메인 케이블을 연결하세요. 가운데 부분부터 시작해서 각각 3cm, 5cm, 7cm 정도의 길이가 됩니다.

19 이제 메인 케이블이 팽팽해지도록 과정 17에서 만든 구멍으로 잡아당겨 고정하세요. 이제 다리의 양쪽 끝을 책상에 테이프로 고정하세요. 이제 현수교가 완성되었습니다!

20 도로 위에 다양한 물건을 올려놓고 다리가 얼마나 잘 견디는지 살펴보세요. 무거운 물건을 올리면 올릴수록 메인 케이블과 수직으로 연결된 줄이 점점 팽팽해지는 것을 느껴 보세요.

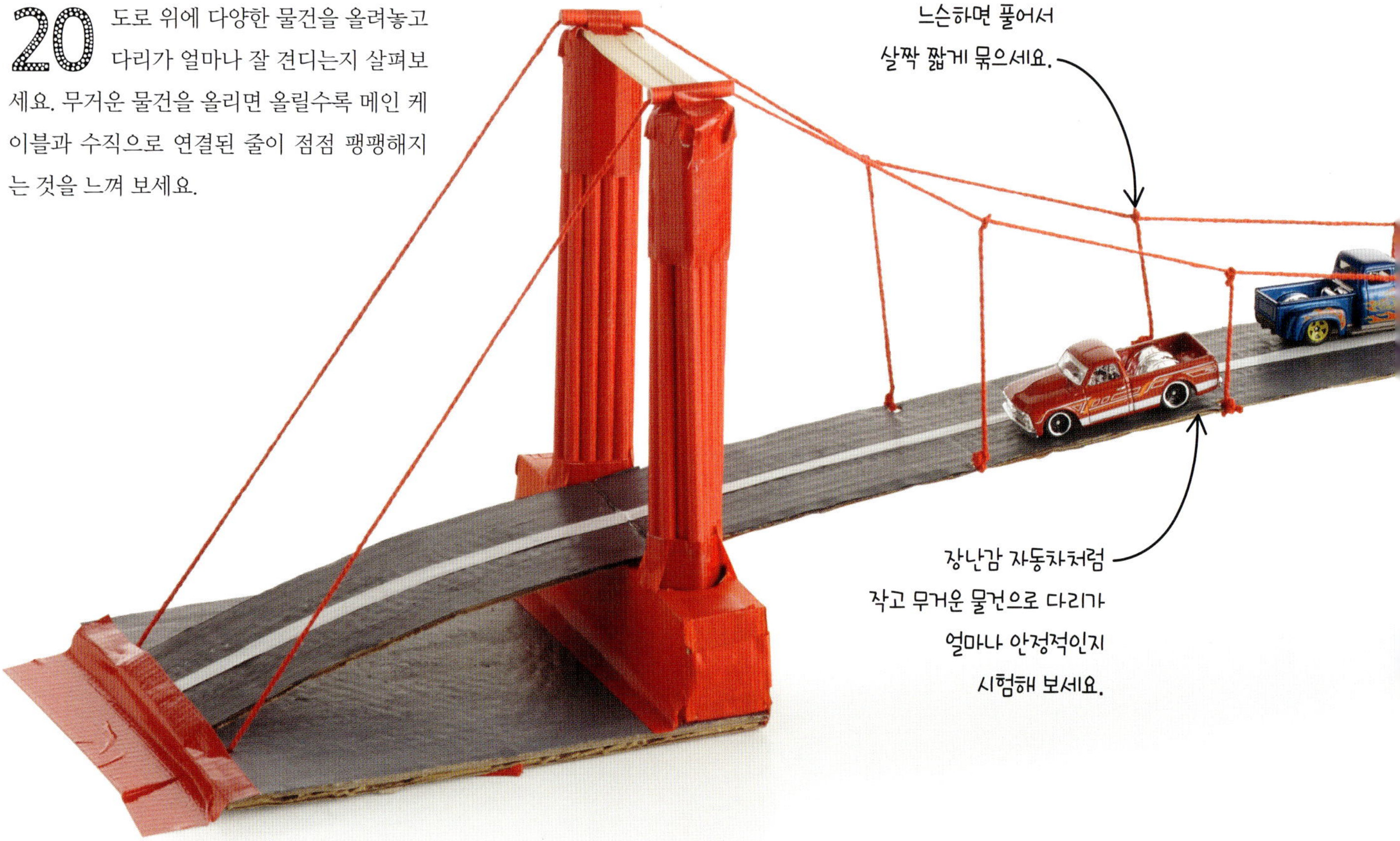

만일 수직으로 연결된 줄이 느슨하면 풀어서 살짝 짧게 묶으세요.

장난감 자동차처럼 작고 무거운 물건으로 다리가 얼마나 안정적인지 시험해 보세요.

원리 파헤치기

만약 다리가 케이블에 연결되지 않은 채로 물건을 올리면 도로는 아래로 축 늘어집니다. 케이블이 없는 진짜 다리였다면 무거운 물건이 올라갔을 때 버티지 못하고 무너질 것입니다. 다리는 무너지지 않고 버티기 위해 하중(무게)을 위로 밀어 올릴 수 있어야 합니다. 이렇게 위로 밀어 올리는 힘은 수직으로 연결된 케이블의 장력이 담당하고 수직 케이블은 메인 케이블의 장력에 의해 지탱됩니다. 메인 케이블은 두 개의 기둥이, 기둥은 다리가 고정된 땅이 각각 무너지지 않도록 해줍니다.

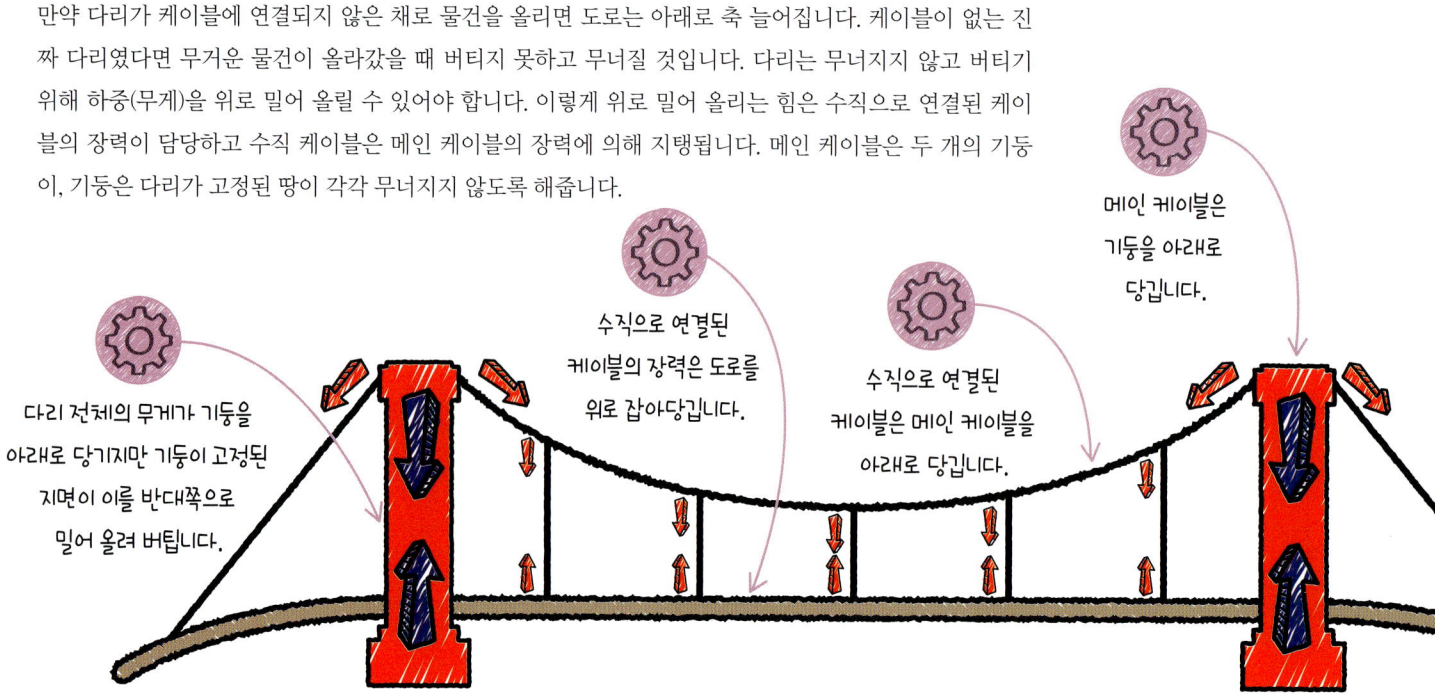

다리 전체의 무게가 기둥을 아래로 당기지만 기둥이 고정된 지면이 이를 반대쪽으로 밀어 올려 버팁니다.

수직으로 연결된 케이블의 장력은 도로를 위로 잡아당깁니다.

수직으로 연결된 케이블은 메인 케이블을 아래로 당깁니다.

메인 케이블은 기둥을 아래로 당깁니다.

현수교 105

현수교는 다리 중에서 상판을 가장 넓게 만들 수 있습니다.

다리가 완성되면 도로의 가운데 부분은 살짝 들린 아치 모양이 됩니다.

메인 케이블은 장력을 유지하기 위해 다리 양쪽에 단단하게 고정되어야 합니다.

이렇게도 해 봐요!

이제 여러분은 현수교 모형을 만들 수 있습니다. 그렇다면 더 길고, 높고, 넓은 현수교를 만들어 보세요! 더 큰 다리가 더 무거운 무게를 지탱할 수 있을까요? 또 무거운 무게를 버티기 위해 더 많은 케이블이 필요할까요? 메인 케이블은 반드시 바닥이나 땅에 고정되어야만 할까요? 아니면 다리에만 고정해도 괜찮을까요? 과연 여러분이 만든 다리가 버틸 수 있는 최대 무게는 얼마일까요? 이를 알아보기 위해 다리가 무너지기 일보 직전까지 물건을 올려 보세요!

우리 주변의 과학
공학: 금문교(골든 게이트 브리지)

우리가 알고 있는 현수교 중 가장 유명한 것은 미국 샌프란시스코에 있는 금문교입니다. 약 11만 2,000대의 자동차가 매일 이 다리를 건너지요. 다리에 연결된 도로의 길이는 2.7km이고, 2.3km 길이의 메인 케이블 두 개에 매달려 바다를 가로 지르고 있습니다.

우리 주변의 과학
기술: 케이블로 지탱하는 지붕

캐나다 벤쿠버에 있는 BC플레이스 경기장 지붕은 케이블과 천으로 이루어져 있습니다. 이 천으로 된 지붕은 길이가 35km인 강철 케이블에 의해 매달려 있지요. 이 케이블은 36개의 기둥에 연결되어 있습니다. 36개의 기둥은 현수교의 기둥과 같은 역할을 하지요. 천으로 된 지붕은 무려 7,000톤의 눈을 지탱할 수 있을 정도로 튼튼하고, 날씨가 좋을 때에는 접어서 지붕이 뚫린 야외 경기장으로 만들 수도 있습니다.

삼각형과 돔
지오데식 돔

아래 사진과 같은 구조물을 지오데식 돔이라고 합니다. 지오데식 돔은 쉽게 만들 수 있습니다. 겉으로 보기엔 가볍고 부서지기 쉬워 보이지만 삼각형 모양의 이 돔은 아주 견고합니다. 또 돔을 투명한 셀로판으로 덮어 작은 온실을 만들 수 있습니다.

삼각형은 구조물을 견고하고 안정적으로 만들어 줍니다.

셀로판은 태양으로부터 온 열을 돔 안에 가두어 바깥보다 더 따뜻하게 만듭니다.

지오데식 돔 만들기

이 지오데식 돔은 서로 다른 길이의 지지대 65개로 만들 수 있습니다. 이 지지대는 파이프 클리너로 만든 부품으로 연결합니다. 길이가 서로 다른 지지대를 구분하기 위해 두 종류의 서로 다른 빨대를 사용해야 합니다. 또 두 종류의 파이프 클리너를 이용해 하나는 돔의 바닥 부분을 연결하는 데 사용하고, 다른 하나는 나머지 지지대를 연결하는 데 사용할 것입니다. 여러분이 원하는 색의 빨대와 파이프 클리너를 골라서 돔을 만드세요!

시간 60분

난이도 어려움

준비물

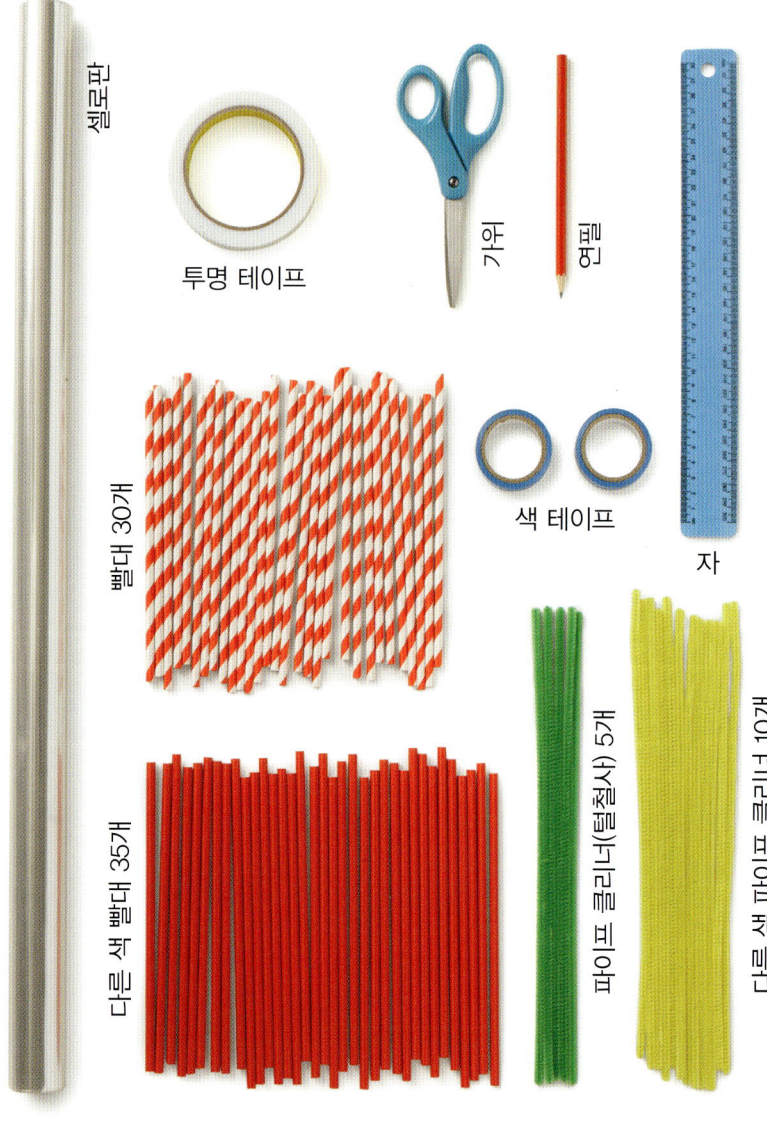

- 셀로판
- 투명 테이프
- 가위
- 연필
- 빨대 30개
- 다른 색 빨대 35개
- 색 테이프
- 자
- 파이프 클리너(짧은 것) 5개
- 다른 색 파이프 클리너 10개

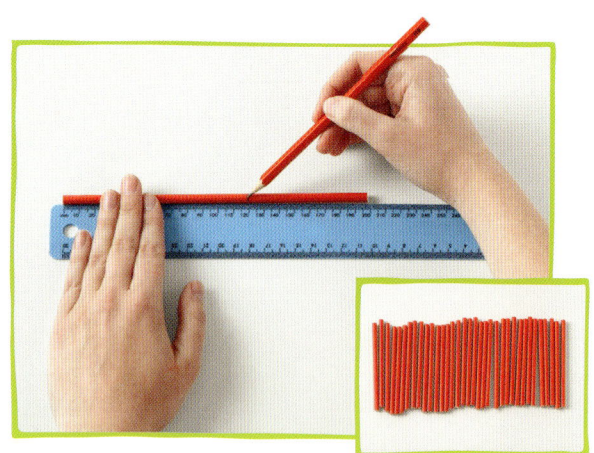

1 먼저 빨대로 35개의 긴 지지대를 만듭니다. 지지대의 길이는 12cm입니다. 빨대에 선을 그은 다음 가위로 자르세요.

2 이제 다른 색의 빨대를 이용해 30개의 짧은 지지대를 만드세요. 지지대의 길이는 11cm입니다. 과정 1, 2에서 자르고 남은 빨대 조각들은 재활용하세요.

지오데식 돔 109

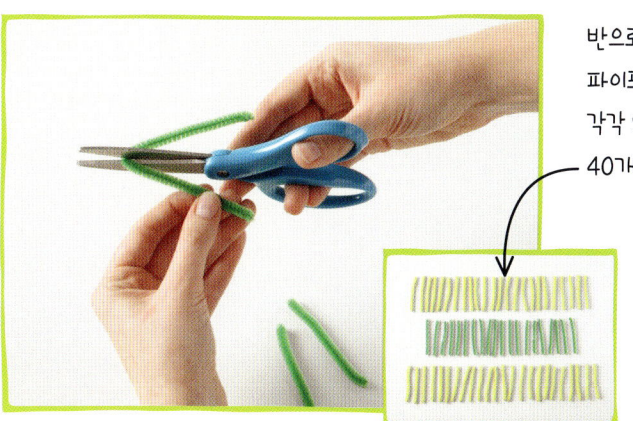

반으로 자른 파이프 클리너는 각각 20개와 40개입니다.

3 같은 색 파이프 클리너 5개를 반으로 접은 다음 자르세요. 반으로 자른 파이프 클리너를 다시 반으로 자르세요. 남은 파이프 클리너 10개도 같은 방법으로 자르세요.

4 자른 파이프 클리너 20개 묶음 중 두 개를 위의 사진처럼 꼬세요. 여러 번 반복해서 돔의 밑부분을 이어 주는 연결 부품 10개를 만들 수 있습니다.

5 자른 파이프 클리너 40개 묶음 중 세 개씩 모아 위의 사진처럼 꼬세요. 모두 12개의 연결 부품을 만들면 됩니다.

이런 모양을 십각형이라고 부릅니다.

6 길이가 12cm인 긴 지지대 10개를 위 사진처럼 연결합니다. 지지대를 과정 4에서 만든 연결 부품으로 연결하면 십각형 모양이 됩니다.

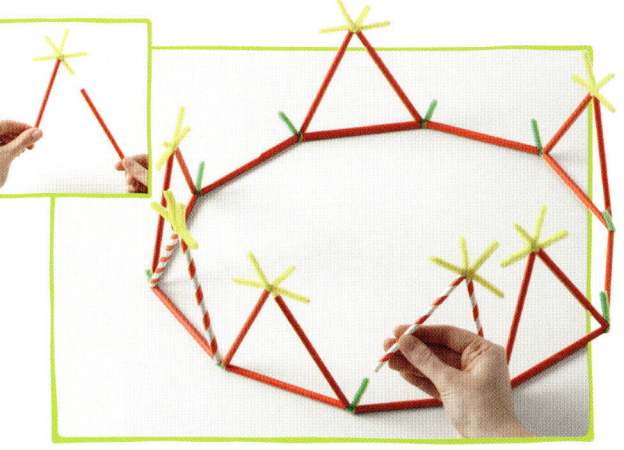

7 바닥에서 삼각형 모양을 만들면서 돔을 연결하세요. 짧은 지지대와 긴 지지대를 번갈아 가면서 만들면 됩니다. 위 사진을 참고하세요.

짧은 지지대를 안으로 살짝 기울여 거의 수직이 되도록 만드세요.

짧은 지지대

8 짧은 지지대로 과정 7에서 만든 돔의 윗부분을 연결하세요. 짧은 지지대가 만나는 곳마다 또 다른 짧은 지지대를 꽂으세요. 오른쪽 사진을 참고하세요.

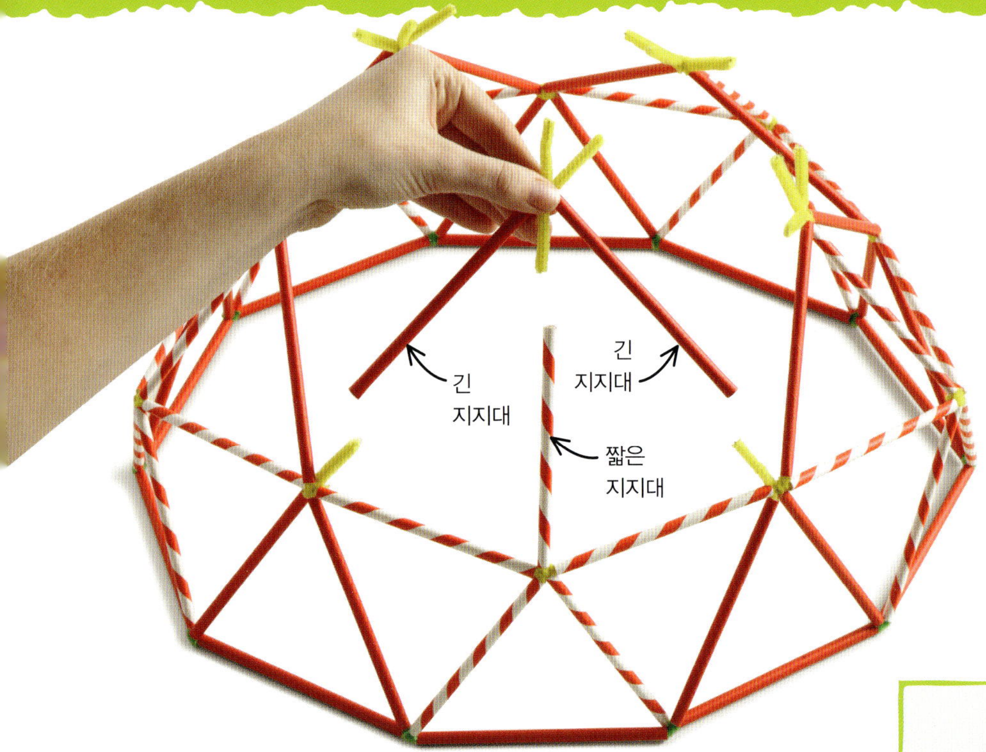

110　3. 형태와 구조

9 왼쪽 사진처럼 짧은 지지대 위에 긴 지지대 두 개를 꽂은 연결 부품을 연결하세요.

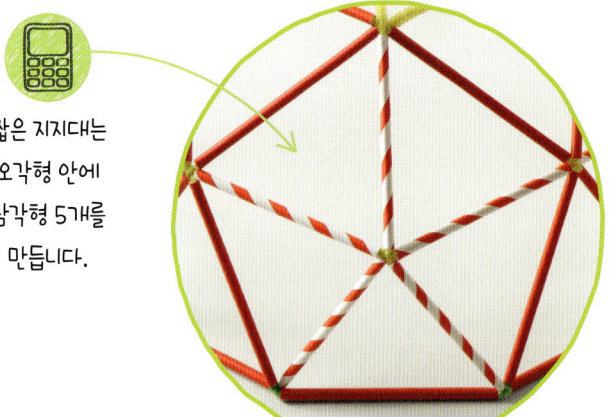

짧은 지지대는 오각형 안에 삼각형 5개를 만듭니다.

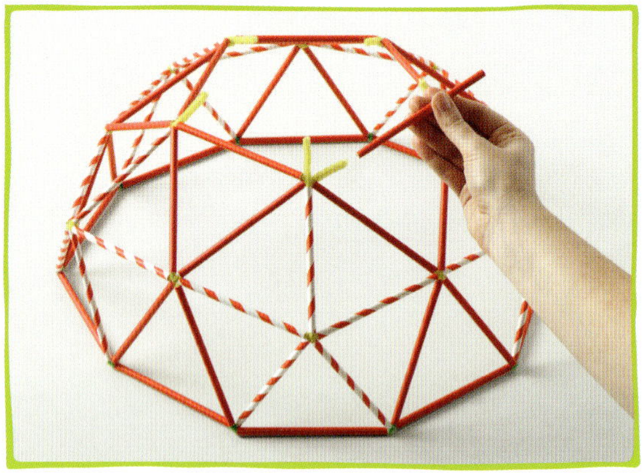

10 긴 지지대 5개를 더 연결해 중간층의 윗부분을 완성하세요. 이 돔의 꼭대기는 오각형 모양입니다.

지지대 하나에 두 개의 파이프 클리너를 끼우세요.

11 오각형 모양의 돔 꼭대기를 마저 완성하기 위해 사진처럼 짧은 지지대를 연결하세요. 이때 연결 부품의 남는 부분은 모아서 지지대 하나에 한꺼번에 끼우세요.

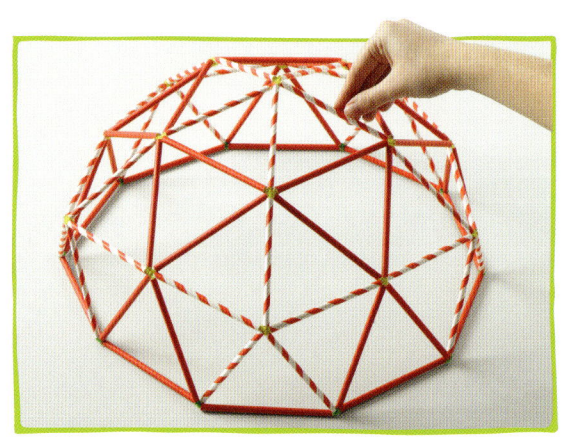

12 과정 11에서 완성한 꼭대기 부분을 돔의 연결 부품에 끼우세요.

지오데식 돔 | 111

13 색 테이프를 짧게 잘라 연결 부품을 감으세요. 단단하게 감아 돔을 더 튼튼하게 만드세요.

셀로판은 여러분의 지오데식 돔을 식물을 키울 작은 온실로 만들어 줄 것입니다.

14 셀로판을 돔에 씌우고 투명 테이프로 고정하세요. 지오데식 돔 완성!

원리 파헤치기

지오데식 돔은 매우 견고합니다. 왜냐하면 돔의 기본 구조가 삼각형이기 때문입니다. 삼각형은 외부에서 압력을 가해도 비틀어지지 않기 때문에 아주 튼튼하지요. 만약 한 꼭짓점에 힘이 가해지면 나머지 두 꼭짓점을 이루는 모서리는 힘을 균등하게 나눕니다. 지오데식 돔은 삼각형이 모인 구조이기 때문에 어느 곳에 힘이 가해지더라도 모든 교차점에서 힘이 균등하게 나누어집니다. 따라서 돔 전체를 통해 효율적으로 힘이 분산되지요.

삼각형 모양은 힘을 모든 교차점에서 고르게 나눕니다.

힘은 돔의 각 층을 지나면서 점점 줄어듭니다.

지오데식 돔의 무게는 돔 전체에 효율적으로 나뉩니다.

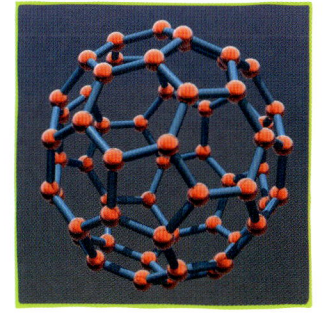

우리 주변의 과학
과학: 버크민스터풀러렌

1986년 과학자들은 원자가 지오데식 돔처럼 오각형과 육각형으로 배열되어 있는 탄소 분자를 발견하였습니다. 이 분자는 지오데식 돔을 만드는 데 큰 공헌을 한 미국의 건축가 리처드 버크민스터 풀러의 이름을 따 버크민스터풀러렌이라고 불립니다.

도형 확대하기
팬터그래프

1603년에 발명된 팬터그래프는 그림을 동시에 복사하고 확대하기 위해 사용된 장치입니다. 팬터그래프에는 연결 부위를 중심으로 회전하는 네 개의 팔이 달려 있습니다. 여러분이 가운데에서 그림을 그리면 팬터그래프의 오른쪽 팔은 손의 움직임을 그대로 따라하면서 동시에 더 크게 그립니다. 마치 보이지 않는 손이 또 다른 연필을 쥐고 여러분의 그림을 따라하는 것처럼 보이지요. 이제 여러분의 동작을 그대로 따라하는 팬터그래프를 만들어 봅시다!

할핀으로 고정한 연결 부위는 팬터그래프가 자유롭게 움직이고 펼쳐지도록 합니다.

연필을 움직여 그림을 그리세요.

팬터그래프 전체가 이곳에서 회전합니다. 이 부분은 책상에 점토 접착제로 고정되어 있지요.

팬터그래프 만들기

팬터그래프는 할핀으로 연결된 네 개의 직사각형 골판지로 만들 수 있습니다. 이때 골판지가 연결 부위에서 자유롭게 움직일 수 있도록 하는 것이 중요합니다. 팬터그래프는 연필을 떼지 않고 한 번에 그림을 그릴 때 가장 효과적입니다.

시간 30분　**난이도** 보통

준비물

사인펜, 연필, 붓, 가위, 색 도화지, 자, 골판지, 물감, 페트병 뚜껑 2개, 할핀, 점토 접착제, 접착테이프

1 연필로 길이 50cm, 너비 5cm인 직사각형을 세 개 그리고 자르세요.

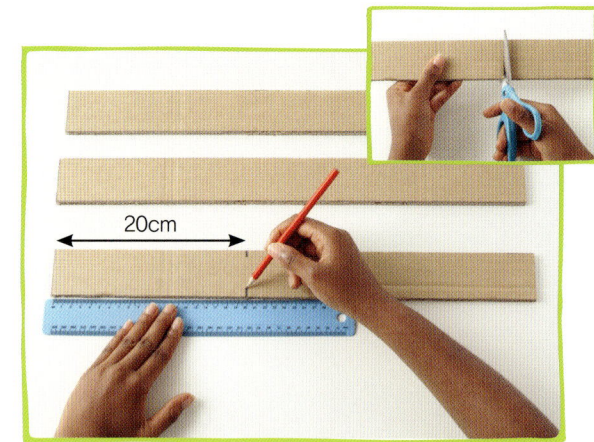

2 자와 연필로 직사각형 중 하나에 끝에서 20cm 되는 지점을 찾아 선을 표시하세요. 선을 잘라 직사각형 두 개를 만드세요. 하나는 길이가 20cm이고 다른 하나는 30cm인 직사각형입니다.

3 팬터그래프 조각 네 개를 원하는 색으로 칠하고 말리세요.

팬터그래프 **115**

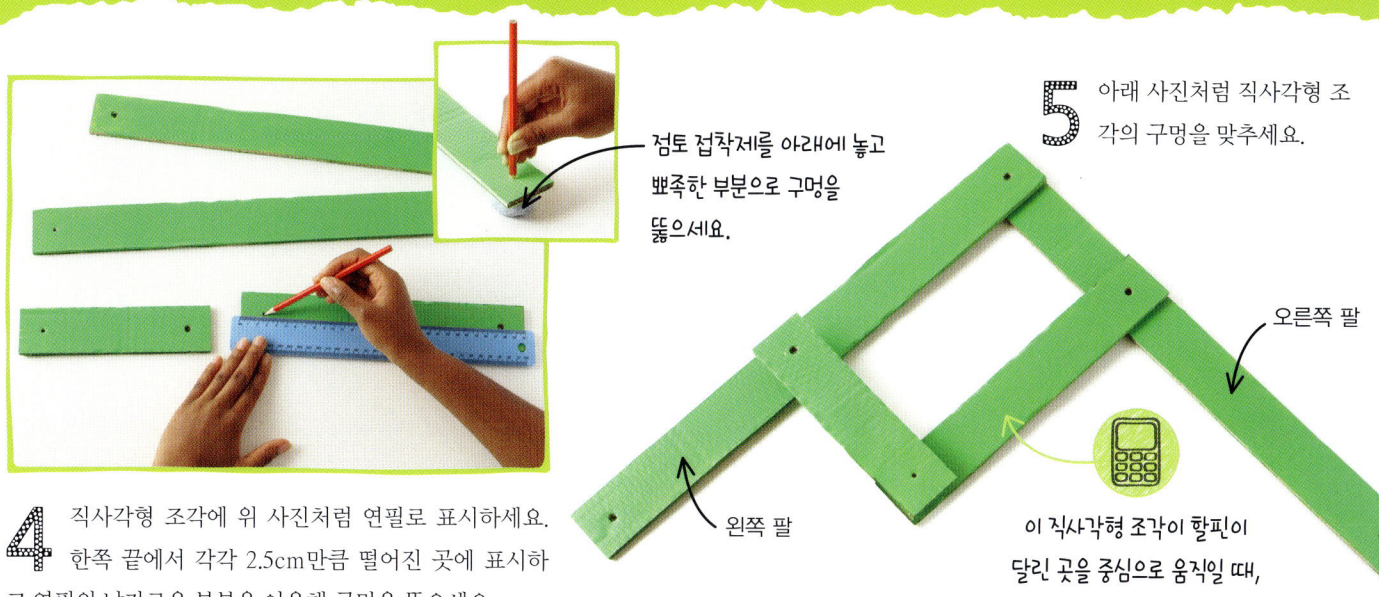

점토 접착제를 아래에 놓고 뾰족한 부분으로 구멍을 뚫으세요.

4 직사각형 조각에 위 사진처럼 연필로 표시하세요. 한쪽 끝에서 각각 2.5cm만큼 떨어진 곳에 표시하고 연필의 날카로운 부분을 이용해 구멍을 뚫으세요.

5 아래 사진처럼 직사각형 조각의 구멍을 맞추세요.

오른쪽 팔

왼쪽 팔

이 직사각형 조각이 할핀이 달린 곳을 중심으로 움직일 때, 반대쪽 조각은 평행을 유지하며 평행사변형 모양을 만듭니다.

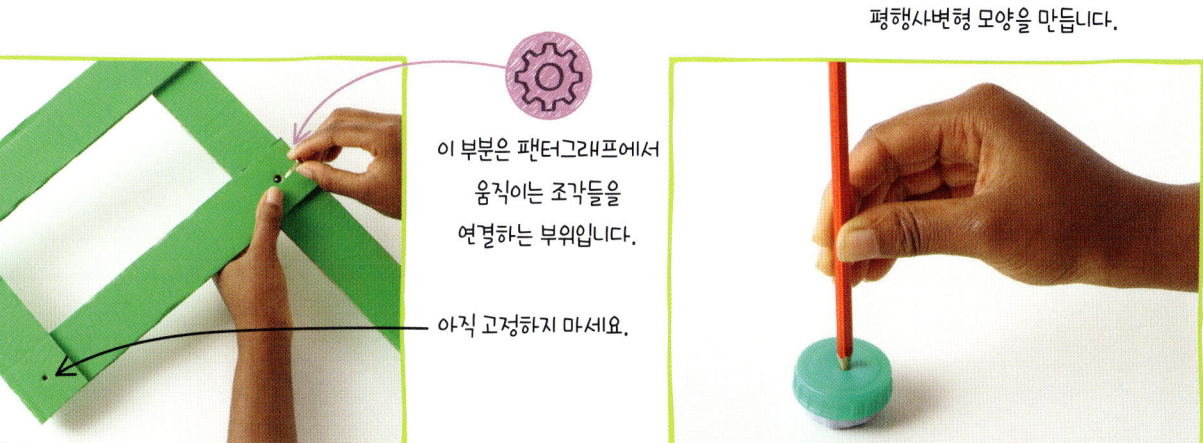

이 부분은 팬터그래프에서 움직이는 조각들을 연결하는 부위입니다.

아직 고정하지 마세요.

6 할핀을 위의 사진에서 보이는 구멍에 넣고 할핀의 날개 부분을 살짝 접으세요. 다른 구멍들은 아직 고정하지 마세요.

7 페트병 뚜껑을 점토 접착제 위에 놓고 연필로 구멍을 뚫으세요. 남은 페트병 뚜껑에도 똑같이 구멍을 뚫으세요.

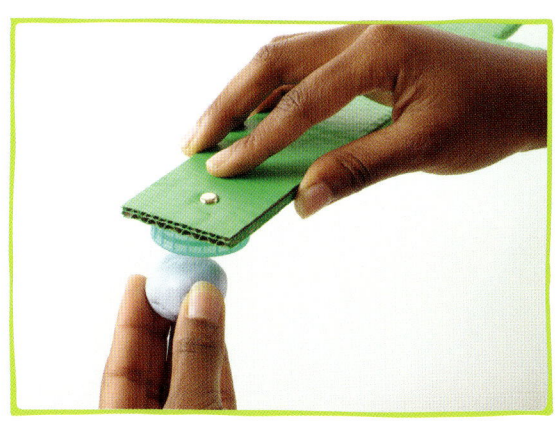

할핀으로 뚜껑을 고정하세요.

8 할핀을 이용해 뚜껑을 왼쪽 팔 끝부분에 고정하세요. 점토 접착제 덩어리를 뚜껑 아래로 넣으세요. 책상을 보호하고 팬터그래프를 고정하는 역할을 합니다.

9 다른 뚜껑을 팔과 팔을 연결하는 부위 아래에 고정하세요. 이 뚜껑은 팬터그래프가 책상에 붙지 않고 살짝 위로 떠 있도록 해 줍니다.

10 테이프로 두 개의 짧은 조각 끝부분을 감싸세요. 오른쪽 팔의 끝부분도 감싸세요. 이렇게 감싸면 연필이나 펜을 구멍에 넣을 때 조각들이 서로 분리되는 것을 막을 수 있습니다.

11 짧은 조각 두 개를 모아 구멍을 맞춘 후, 연필을 넣으세요. 오른쪽 팔의 테이프가 붙은 부분에는 사인펜을 끼우세요.

12 이제 연필로 그림을 그리세요. 사인펜이 여러분이 그린 그림을 따라서 더 크게 그릴 것입니다. 연필을 멈추거나 반복해서 그리지 말고 단순하게 그림을 그리세요. 기존에 있는 그림을 베끼거나 더 크게 그릴 때에도 팬터그래프를 사용할 수 있습니다.

팬터그래프는 들인 힘보다 움직임을 크게 해 주는 지렛대 역할을 합니다.

만약 팬터그래프를 사용할 때 고정되지 않고 움직인다면 한 손으로 뚜껑을 고정한 부분을 잡으세요.

원리 파헤치기

팬터그래프는 고정되었지만 움직일 수 있는 여러 조각으로 연결된 장치입니다. 이러한 기계 장치는 하나의 운동을 다른 운동으로 바꿀 수 있습니다. 이번 실험의 경우 여러분의 운동을 더 확대시켰지요. 팬터그래프의 가운데에는 마주 보는 두 변으로 이루어진 평행사변형이 있습니다. 연필과 사인펜은 서로 평행인 막대에 끼워져 있습니다. 따라서 사인펜은 연필의 움직임을 그대로 따라할 수 있지요. 다만 사인펜은 더 긴 팔에 끼워져 있기 때문에 더 크게 움직이고 그림도 더 커집니다. 이때 그림이 확대되는 비율은 사인펜이 끼워진 팔의 길이를 연필이 끼워진 팔의 길이로 나눈 값, 즉 오른쪽 그림에서 A를 B로 나눈 값이 됩니다.

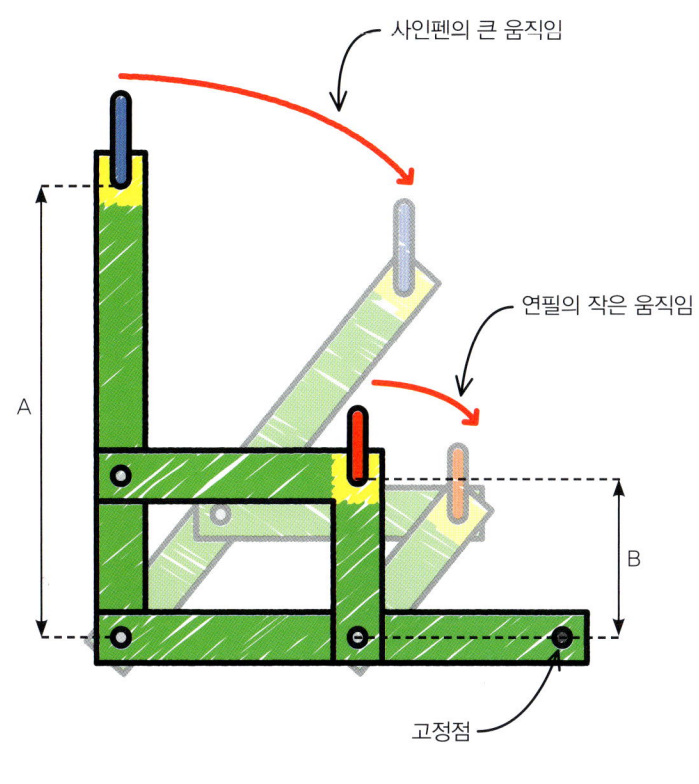

팔 부분을 더 길게 만들면 그림을 더 크게 그릴 수 있습니다.

그림을 더 크게 그리므로 큰 종이를 준비하세요.

팬터그래프는 사인펜을 아래로 누르며 그릴 수 없기 때문에 반드시 잘 나오는 사인펜을 사용하세요.

우리 주변의 과학
과학: 우산

팬터그래프와 같은 연결 방식은 여러 기계나 장치들에서 볼 수 있습니다. 심지어 집에서 쉽게 볼 수 있는 우산에도 있지요. 비가 올 때 우산을 펼치면 우산의 막대와 중심축은 손의 움직임을 확대해 우산 전체를 넓게 펴 줍니다.

두 펜의 위치를 바꾸면 팬터그래프로 작은 그림을 그릴 수 있습니다.

건축 재료
튼튼한 모래성

모래성을 만들어 본 적이 있나요? 알다시피 모래를 뭉치려면 약간의 물을 넣어 축축하게 해야 합니다. 마른 모래로 성을 만들어 보세요. 모래가 하나로 뭉치지 않기 때문에 그냥 무너지고 맙니다. 축축한 모래로 성을 만들어도 그 위에 무거운 것을 올리면 금방 무너지고 말지요. 하지만 이번 실험에서 과학 지식과 공학 기술의 도움을 받는다면 튼튼한 모래성을 쌓을 수 있습니다. 심지어 여러분의 몸무게도 지탱할 수 있을 만큼 튼튼하지요!

축축한 모래로 모래성을 지으면 물이 모래 알갱이들을 서로 뭉치게 하여 모래성이 무너지지 않습니다.

튼튼한 모래성 만들기

이번 실험에서 모래성을 튼튼하게 만들어 주는 특별한 재료가 있습니다. 바로 붕대입니다. 붕대를 넣어 모래성을 쌓으면 더 튼튼하고 견고한 모래성이 됩니다. 물론 붕대를 제외하면 다른 모래성과 똑같습니다. 양동이를 축축한 모래로 채운 후에 뒤집으세요. 만약 바닷가에서 실험한다면 붕대를 사용한 후 쓰레기통에 버리세요. 물론 모래는 그대로 두어도 좋습니다!

시간 15분

난이도 쉬움

준비물

물, 삽, 붕대, 양동이, 가위, 모래, 무거운 책

1 충분한 양의 물을 모래에 부어 축축하게 만드세요. 모래를 저어서 마른 모래와 물을 잘 섞으세요.

2 삽을 이용해 양동이에 깊이 약 5cm인 모래층을 만드세요. 쌓인 모래를 고르게 펴세요.

튼튼한 모래성 121

3 손으로 축축한 모래를 눌러 단단하게 다지세요. 모래층을 평평하게 만들어야 합니다.

모래성을 만들기 위해 손으로 눌러 다지면 모래 알갱이들이 서로 뭉치기 시작합니다.

4 양동이의 너비만큼 붕대 조각을 자르세요. 만약 부족하면 필요한 만큼 더 자르세요.

모래층의 수는 양동이의 크기에 따라 다릅니다.

붕대는 얇지만 튼튼합니다. 붕대는 천으로 엮인 미세한 그물망입니다.

5 붕대 조각을 모래층 위에 놓으세요. 모래를 완전히 덮도록 붕대를 겹치세요.

6 다시 모래층을 깊이 5cm만큼 채우고 붕대를 올리세요. 모래층을 꼭 눌러 다지세요.

7 양동이가 어떤 모양이어도 괜찮습니다. 붕대로 모래층을 거의 덮을 수 있으면 됩니다.

8 양동이에 모래를 가득 채우세요. 위 사진처럼 양동이의 너비보다 살짝 긴 붕대로 모래층을 덮으세요.

122 3. 형태와 구조

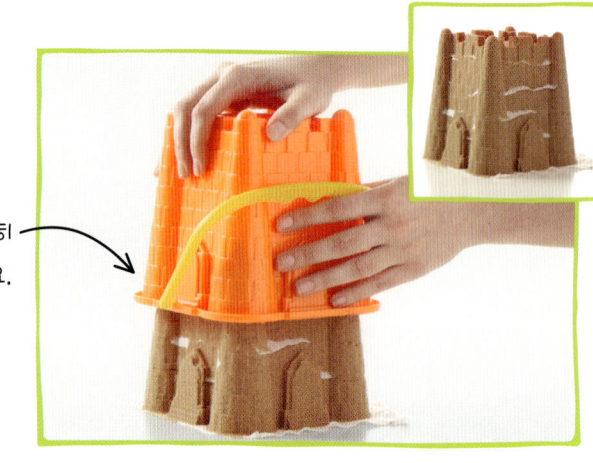

9 붕대가 떨어지지 않도록 위 사진처럼 손으로 받치고 양동이를 뒤집어 책상 위에 세우세요.

양동이를 천천히 들어 올리세요.

10 양동이의 옆면을 가볍게 두드린 다음, 천천히 들어 올리세요.

11 이제 모래성을 시험할 차례입니다. 얼마나 견고한지 알아보기 위해 무거운 책 하나를 모래성 위에 조심스럽게 올리세요.

12 더 많은 책을 올리세요. 모래성이 무너지기 전에 얼마나 무거운 짐을 견딜 수 있는지 알아보세요.

모래성 위에 책을 조심스럽게 올리세요.

기술자들은 구조물이 견뎌야 하는 무게를 하중이라고 부릅니다.

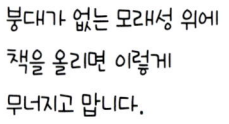

붕대가 없는 모래성 위에 책을 올리면 이렇게 무너지고 맙니다.

이렇게도 해 봐요!

붕대가 든 모래성은 꽤 무거운 하중도 버틸 수 있습니다. 어떻게 하면 모래성을 훨씬 더 견고하고 튼튼하게 만들 수 있을까요? 만일 붕대 대신에 종이나 티셔츠, 비닐봉지를 넣는다면 어떤 일이 일어날까요? 거칠고 굵은 모래가 고운 모래보다 더 튼튼한 모래성을 만들 수 있을까요? 모래 대신에 자갈로 성을 만들 수 있을까요? 한번 실험해 보세요!

원리 파헤치기

모래 알갱이는 바다나 강의 흐름에 의해 바위나 조개껍질 등이 작게 쪼개진 것입니다. 보통의 모래성 위에 하중을 주면 무너집니다. 모래 알갱이가 잘 미끄러지기 때문이지요. 하지만 이번 실험에서 만든 모래성은 하중을 잘 견딥니다. 왜냐하면 모래알이 힘을 받아 옆으로 미끄러질 때, 붕대가 모래 알갱이 사이의 마찰력을 증가시키기 때문입니다. 이때 마찰력은 둘 또는 그 이상의 물체가 서로 반대 방향으로 힘을 가할 때 발생하는 저항력으로 작용합니다. 결국 붕대 조각이 모래 알갱이 사이의 마찰력을 증가시키면 모래 알갱이가 옆으로 미끄러지는 것을 막을 수 있습니다.

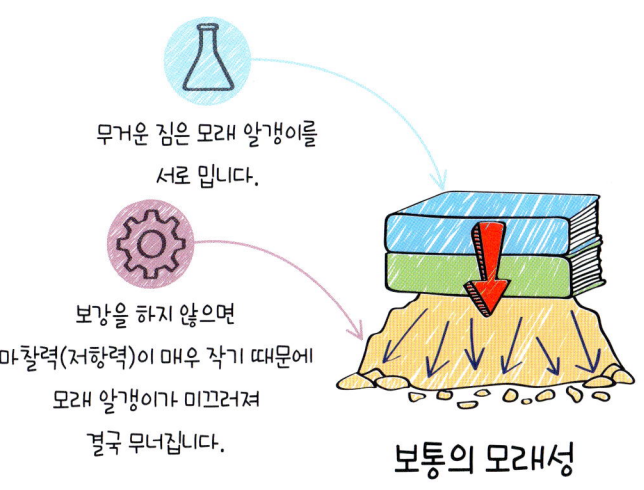
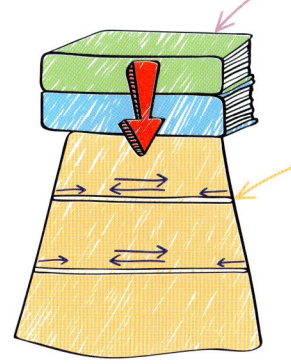

무거운 짐은 모래 알갱이를 서로 밉니다.

보강을 하지 않으면 마찰력(저항력)이 매우 작기 때문에 모래 알갱이가 미끄러져 결국 무너집니다.

보통의 모래성

모래성을 보강하면 모래성은 하중을 버틸 수 있습니다.

붕대는 마찰력을 증가시키기 때문에 모래 알갱이는 쉽게 흘러내리지 않습니다.

보강한 모래성

우리 주변의 과학
공학: 안전한 경사면

여러분이 튼튼한 모래성을 만들기 위해 모래와 붕대를 함께 사용한 것은 기술자들이 구조물을 더 안전하게 만들기 위해 사용하는 기술과 비슷합니다. 기술자들은 흙이나 모래처럼 알갱이가 있는 물질을 이용하고 이것들을 모래성의 붕대 역할을 하는 그물망으로 감쌉니다. 고속도로를 건설할 때, 기술자들은 도로 옆의 경사면을 보강하기 위해 이 기술을 사용합니다. 또 파도의 힘을 흡수하고 해안 침식을 막을 수 있어 해안 지역을 보호하는 방조제나 방파제도 이 기술을 사용해 짓습니다.

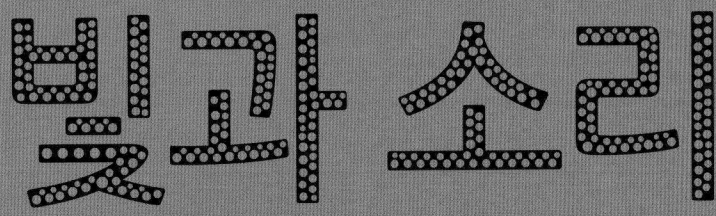

빛과 소리

파도는 물이 흔들리며 생기는 파동입니다. 빛과 소리도 눈에 보이지 않는 파동을 타고 에너지가 이동합니다. 이번 실험에서는 먼저 파동 관찰 장치를 만들어 파동에 대해 배울 것입니다. 또 분광기라는 장치를 이용해 빛의 성질에 대해 알아볼 것입니다. 우리가 듣는 소리는 공기를 흔들어 진동시키며 전달되는 파동입니다. 이제 직접 하모니카와 기타를 만들어 소리를 내 보고 숟가락을 이용해 종을 울려 봅시다.

고무찰흙으로 만든 공은
파동이 장치를 통과해 이동할 때
앞뒤로 흔들립니다.

에너지는
테이프를 따라서
이동합니다.

파동 관찰 장치의 끝을
비틀어 파동을 만들 수
있습니다.

테이프를 겹쳐 만들었기 때문에
튼튼하지만 신축성이 있어
충분히 비틀 수 있습니다.

테이프와 나무 꼬치는 장치를 따라 쭉 꼬였다가 다시 제자리로 돌아갑니다.

에너지 전달
파동 관찰 장치

돌멩이 하나를 연못에 던지면 어떻게 되나요? 파동이 만들어지겠지요? 겉으로는 돌멩이가 만든 동그라미가 밖으로 밀려 나가는 것처럼 보이겠지만, 실제로는 에너지가 전달되면서 물이 위아래로 움직이는 것입니다. 파동은 에너지를 주변으로 전달하기 때문에 여러 곳에서 유용하게 사용할 수 있습니다. 우리는 파동을 이용해 정보를 주고받을 수 있고 음식을 따뜻하게 데울 수 있습니다. 또 필요한 정보를 찾을 수 있지요. 지금부터 파동 관찰 장치를 통해 움직이는 파동을 직접 눈으로 관찰해 봅시다.

파동 관찰 장치 만들기

박스 테이프와 나무 꼬치로 파동 관찰 장치를 만들 수 있습니다. 테이프는 끈적거리고 쉽게 달라붙으니 천천히 만드세요. 또 나무 꼬치 한쪽 끝은 뾰족하니 조심하세요. 이번 실험에서 만들 장치의 길이는 약 3m 정도이므로 충분히 넓은 공간에서 시작해야 합니다.

시간 30분　난이도 쉬움

준비물

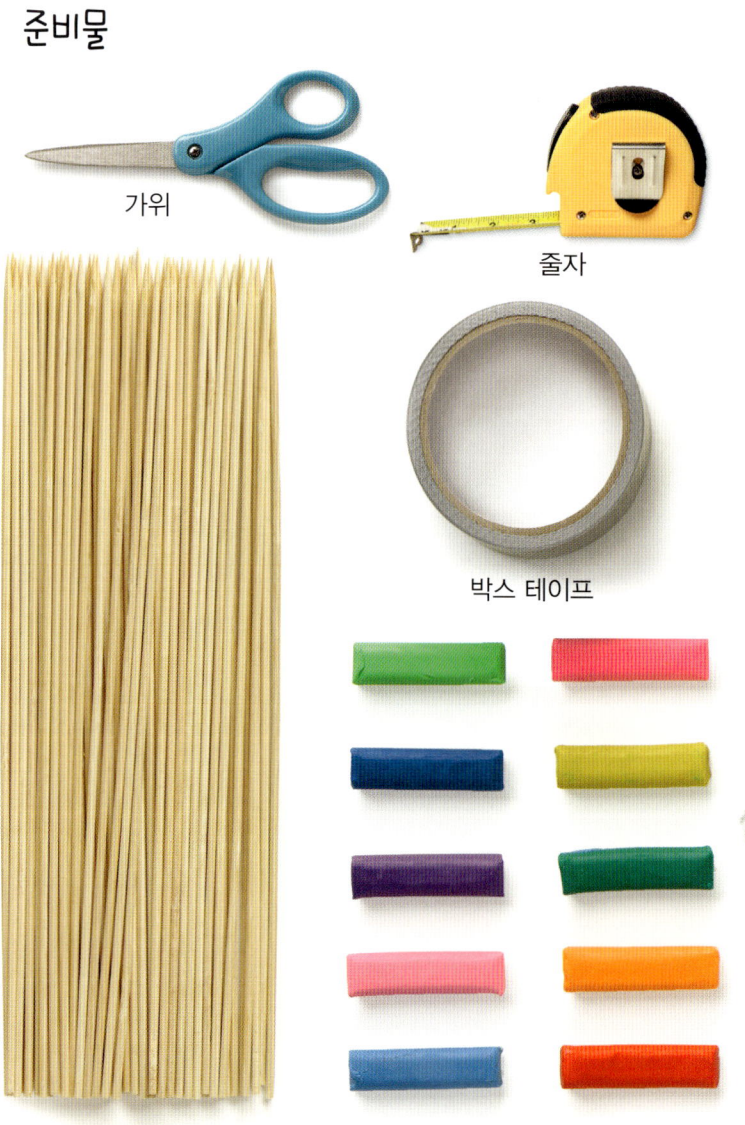

가위 / 줄자 / 박스 테이프 / 나무 꼬치 / 고무찰흙

1 먼저 장치의 손잡이를 만들 것입니다. 테이프를 나무 꼬치의 약 2배 정도 길이로 자르세요. 테이프의 끈적이는 부분이 위로 올라오도록 두세요.

2 나무 꼬치 10개를 테이프 가운데 올려놓고 위 사진처럼 단단히 마세요. 양쪽 끝도 잘 고정되도록 접으세요. 이 과정을 한 번 더 반복해 손잡이 두 개를 만드세요.

파동 관찰 장치 129

3 테이프를 끈적이는 부분이 위로 오도록 한 뒤, 손잡이 하나를 테이프 위에 올리고 살짝 굴려서 고정하세요.

4 과정 3의 테이프를 약 1m 길이로 길게 펼치세요. 손잡이 쪽부터 5cm 간격으로 나무 꼬치를 하나씩 놓으세요.

5 다시 테이프를 1m 길이로 펼친 다음, 5cm 간격으로 나무 꼬치를 계속 붙이세요. 장치의 길이가 약 3m가 될 때까지 이 과정을 반복하세요.

마지막 나무 꼬치와 손잡이 사이의 거리는 약 10cm입니다.

6 테이프의 길이가 3m가 되면 반대쪽 손잡이를 붙일 수 있도록 20cm 정도 더 테이프를 펼친 다음 자르세요. 남은 손잡이를 테이프 위에 놓고 10cm가량 굴려 고정하세요. 이때 손잡이와 마지막 나무 꼬치의 간격은 약 10cm가 되어야 합니다.

7 위 사진처럼 테이프를 펼쳐 두 번째로 연결한 손잡이부터 나무 꼬치 위로 붙이세요.

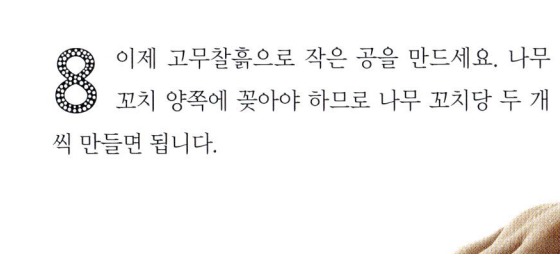

8 이제 고무찰흙으로 작은 공을 만드세요. 나무 꼬치 양쪽에 꽂아야 하므로 나무 꼬치당 두 개씩 만들면 됩니다.

130 4. 빛과 소리

9 나무 꼬치 양쪽에 고무찰흙 공을 하나씩 끼우세요. 이때 손가락을 찔리지 않도록 조심하세요.

10 이제 장치를 사용할 준비가 되었습니다. 친구에게 한쪽 손잡이를 잡으라고 하거나 책상 또는 의자에 고정하세요.

이렇게도 해 봐요!

파동 관찰 장치의 디자인을 바꿔서 다른 파동을 만들 수 있을까요? 나무 꼬치를 서로 더 가깝게 붙이거나 반대로 더 멀리 붙여서 파동을 달리 만들 수 있습니다. 또 나무 꼬치에 꽂은 공의 크기를 더 작게 또는 더 크게 만들 수도 있지요. 아니면 공을 아예 다 빼고 실험을 할 수도 있습니다. 이외에도 파동의 속도를 m/s(미터/초)로 계산할 수 있습니다. 테이프를 따라 파동이 이동하는 시간을 측정하고 테이프의 길이를 잰 다음, 테이프의 길이(파동이 이동한 거리)를 이동 시간으로 나누면 됩니다!

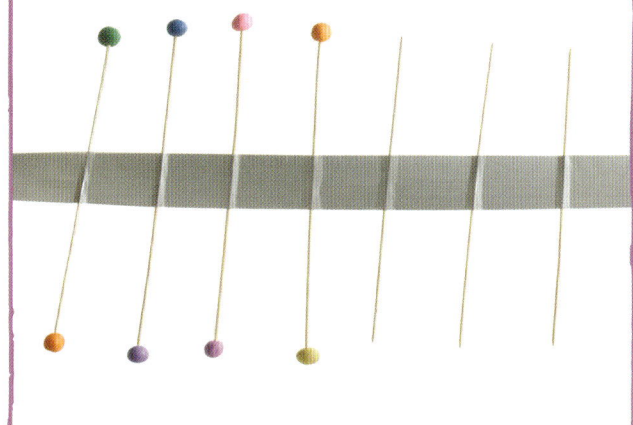

손잡이를 비틀 때 사용하는 에너지는 장치를 따라 이동합니다.

원리 파헤치기

파동은 여러 가지 형태로 우리 주위에 존재합니다. 예를 들어 잔물결이나 빛, 음파, 라디오의 전파도 파동입니다. 여러분이 만든 파동 관찰 장치는 어떻게 파동이 에너지를 한곳에서 다른 곳으로 이동시키는지 보여줍니다. 손잡이를 비틀 때 사용한 에너지는 장치를 통해 다른 쪽으로 전달됩니다. 이때 에너지만 장치를 따라 움직이기 때문에 나무 꼬치에 꽂힌 고무찰흙 공은 그저 앞뒤로 흔들리기만 합니다. 파동은 속도와 파장, 진동수를 가지고 있습니다. 속도란 파동이 얼마나 빠르게 움직이는지를 나타냅니다. 파장은 최고점(마루)과 최고점 사이의 거리 또는 최저점(골)과 최저점 사이의 거리를 말합니다. 진동수란 1초 동안 진동한 횟수로 특정 지점에서 파동이 얼마나 많이 통과했는지를 나타냅니다.

우리 주변의 과학
기술: 광섬유 케이블

인터넷에 있는 많은 정보들은 아주 빠른 속도로 전 세계에 공유됩니다. 이때 정보는 적외선 파동을 타고 이동합니다. 빛의 파동은 광섬유라 불리는 얇은 유리 섬유를 통과합니다. 빛은 광섬유 안에서 반사되고 분산하며 이동하는데, 에너지를 잃지 않으면서 정보를 아주 먼 거리까지 전송할 수 있습니다.

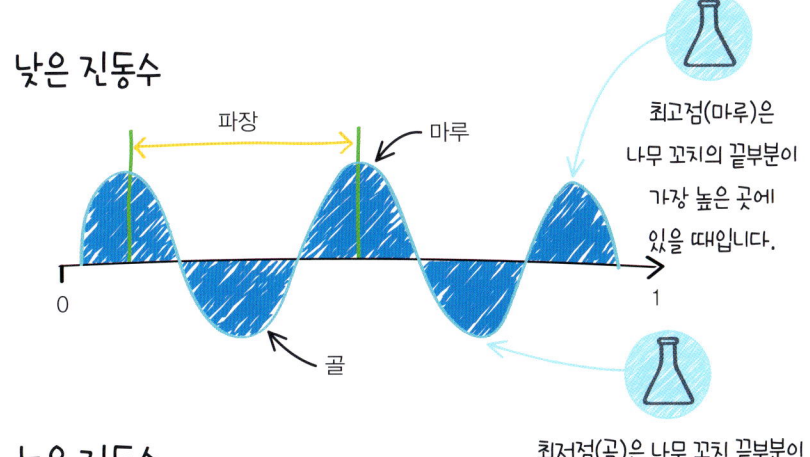

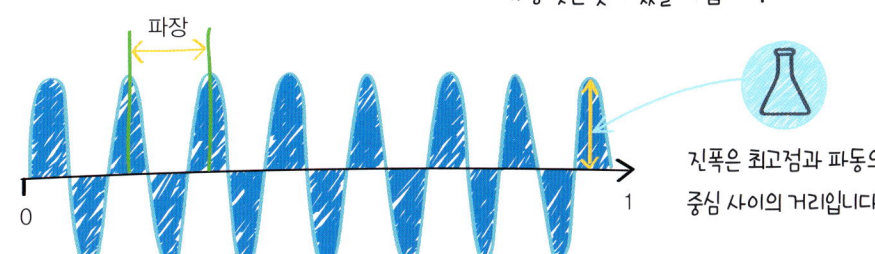

손전등에서 나오는 빛은 흰색으로 보입니다. 하지만 실제로는 여러 색이 섞여 있습니다. 빛은 분광기 위쪽의 틈으로 들어옵니다.

손전등이 없다면 햇빛을 이용해 실험할 수 있습니다.

백색광이 CD의 반짝이는 면에 부딪치면 빛은 반사되고 분산되어 여러 색으로 나뉩니다.

관찰창을 통해 빛의 여러 가지 색 스펙트럼을 볼 수 있습니다.

빛의 분산
분광기

빛은 무슨 색일까요? 흰색이라고 생각하기 쉽지만 사실 빛은 다양한 색이 섞여 있습니다. 무지개를 보면 여러 색을 볼 수 있는데, 다양한 색을 가진 빛이 빗방울에 의해 분산되면서 서로 다른 각도로 굴절되기 때문입니다. 과학자들은 분광기로 알려진 장치를 이용해 여러 색으로 이루어진 빛의 스펙트럼을 연구합니다. 이번 실험에서 직접 분광기를 만들어 봅시다.

분광기 133

분광기 만들기

빛(백색광)을 이루는 색의 스펙트럼을 명확하게 확인하기 위해서는 빛을 반사시키는 CD가 필요합니다. 어두운 관 위쪽의 작은 틈으로 적은 양의 빛이 들어와 CD에 닿습니다. 이때 각도기를 이용해 CD가 놓여 있는 각도를 측정해야 합니다. 또 검은색 절연 테이프를 이용해 불필요한 빛을 차단해야 합니다.

시간
30분

난이도
보통

준비물

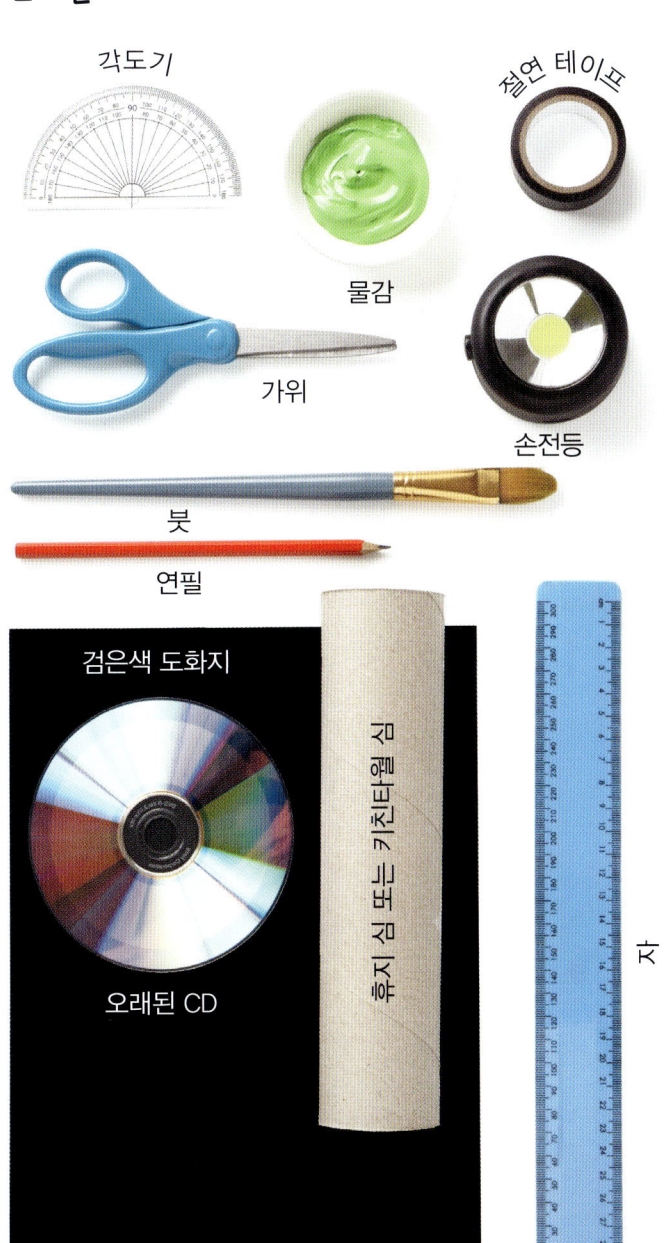

각도기, 절연 테이프, 물감, 가위, 손전등, 붓, 연필, 검은색 도화지, 오래된 CD, 휴지 심 또는 키친타월 심, 자

1 연필과 자를 이용해 휴지 심 또는 키친타월 심에 한쪽 끝에서 3cm 정도 떨어진 곳에 표시하세요.

2 검은색 종이로 표시한 곳까지 감싸세요. 위 사진처럼 도화지를 틀 삼아서 윤곽을 따라 선을 그으세요.

각도기의 기준선 부분이 심에 그린 선 위에 있어야 합니다.

3 각도기를 위 사진처럼 기준선이 과정 2에서 심에 그린 선 위에 오도록 놓고 30도(30°)까지 짧은 선을 그으세요.

4 각도기를 옮겨 30도(30°)로 선을 그으세요. 이때 과정 3에서 그은 선과 거의 만나도록 그으면 됩니다.

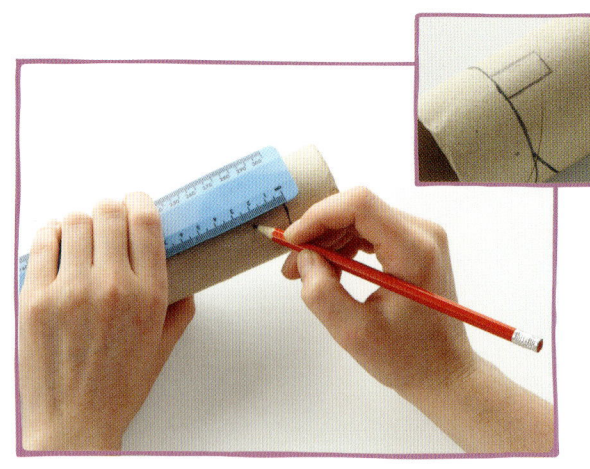

5 자를 이용해 심에 그려진 선과 만나도록 과정 3, 4에서 그린 선 두 개를 비스듬히 기울여 그리세요. 선을 그리면 삼각형이 됩니다.

6 삼각형을 그린 반대쪽 부분에 가로 1cm, 세로 2cm 크기의 직사각형을 하나 그리세요.

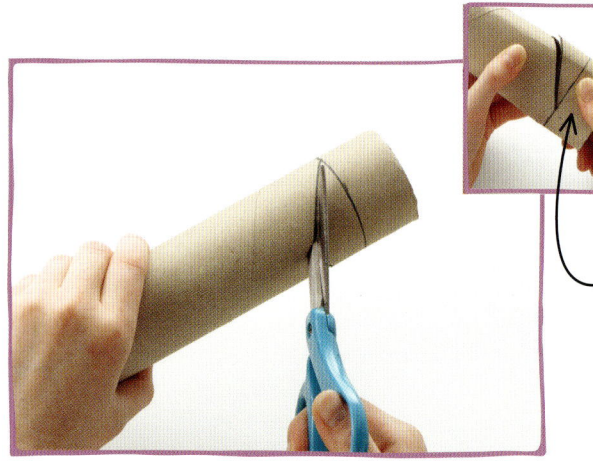

심을 위 사진처럼 살짝 누르면 가위로 자른 틈새가 벌어집니다.

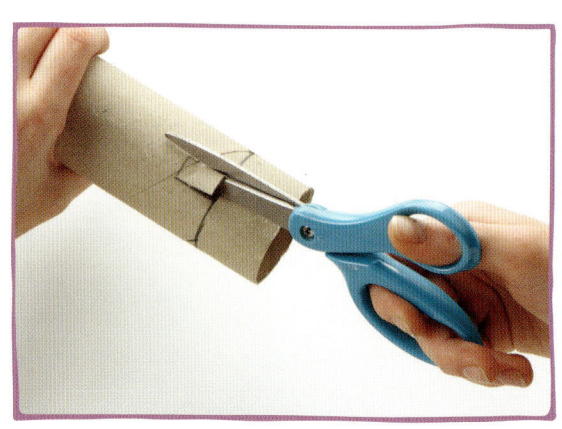

7 과정 5에서 만든 삼각형을 자를 것입니다. 살짝 틈이 생기도록 비스듬히 그린 선을 가위로 자르세요. 이 부분에 CD를 넣을 것입니다.

8 이제 과정 6에서 그린 직사각형을 조심스럽게 잘라 분광기의 관찰창을 만드세요. 만일 어렵다면 부모님에게 도움을 요청하세요.

분광기 135

9 심을 여러분이 원하는 색으로 꾸미세요. 다 칠한 후에 잘 마르도록 두세요.

10 CD의 반짝이는 부분이 위로 오도록 하여 심의 틈에 끼우세요.

이때 스펙트럼을 명확히 보기 위해 CD의 각도를 잘 맞춰야 합니다.

11 절연 테이프를 이용해 CD를 틈 안에 고정하세요.

12 절연 테이프를 잘라 위 사진처럼 관의 끝부분을 막으세요. 이때 빛이 관 속으로 들어가지 못하도록 꼼꼼하게 막으세요.

CD에 가장 가까운 이곳은 빛을 완전히 차단할 수 있도록 절연 테이프로 꼼꼼히 막아야 합니다.

13 테이프로 막은 부분의 반대쪽을 검은색 도화지 위에 두고 연필을 이용해 윤곽을 따라 그리세요. 가위로 조심스럽게 원을 자르세요.

14 과정 13에서 만든 원형 조각은 테이프로 막지 않은 심의 열린 부분을 덮습니다. 하지만 빛이 들어올 수 있어야 하므로 원형 조각을 반으로 접어 틈을 만듭니다.

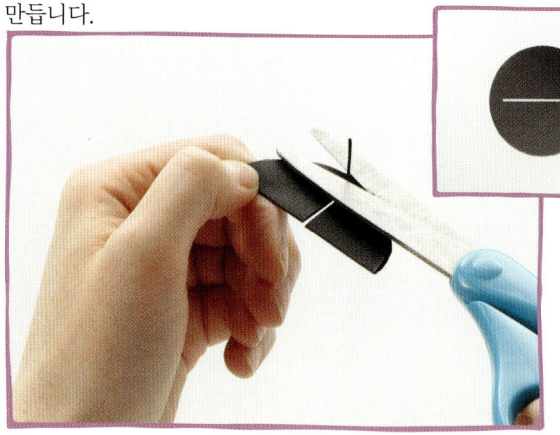

15 위 사진처럼 접은 곳을 중심으로 두 곳에 수직으로 선을 잘라야 합니다. 선 사이에 작은 틈이 생깁니다. 위의 사진을 참고하세요.

16 원형 조각을 다시 펴서 관의 반대쪽에 테이프로 고정하세요. 이때 원형 조각의 틈은 'ㅣ' 모양이 아닌 'ㅡ' 모양이어야 합니다. 즉 CD를 꽂은 틈과 나란해야 하지요.

손전등에서 나오는 빛은 분광기의 틈으로 들어갑니다.

빛은 CD의 반짝이는 면에 닿아 반사되고 여러 색으로 나뉩니다.

테이프로 검은색 원을 잘 둘러싸 고정하세요.

17 분광기가 완성되었습니다. 손전등을 이용해 틈 사이로 빛을 비추세요. 관찰창을 통해 스펙트럼을 관찰하세요. 손전등 외에도 햇빛과 같은 다른 빛을 비춰 보세요. 이때 절대로 햇빛이 눈에 바로 들어오도록 하지 마세요.

원리 파헤치기

백색광은 무지개를 이루는 색들이 섞여 있습니다. 백색광이 빛을 반사하는 물체에 닿으면 빛을 이루는 색은 반사되고 나눠집니다. CD의 반짝이는 면에 빛이 닿으면 색마다 서로 다른 방향으로 반사됩니다. 즉 모든 색은 반사되지만 서로 다른 곳으로 향하지요. 이렇게 여러 가지 색이 퍼져서 스펙트럼을 만듭니다.

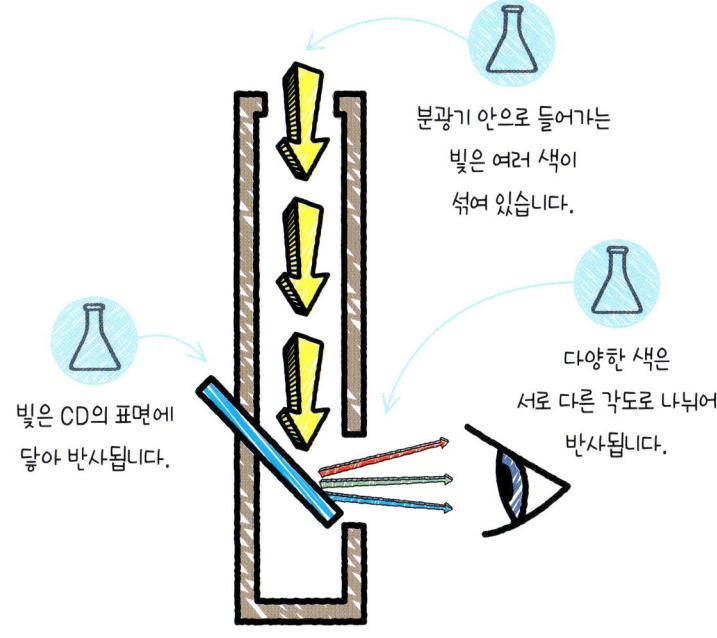

분광기 안으로 들어가는 빛은 여러 색이 섞여 있습니다.

빛은 CD의 표면에 닿아 반사됩니다.

다양한 색은 서로 다른 각도로 나뉘어 반사됩니다.

다른 광원과 비교하기

여러분이 햇빛이나 스마트폰의 화면과 같은 서로 다른 광원을 비교한다면, 각각 특별한 스펙트럼을 가지고 있는 것을 알 수 있습니다. 햇빛은 무지개를 이루는 색을 가지고 있고 틈 없이 연속적인 스펙트럼으로 이루어져 있습니다. 하지만 스마트폰의 화면과 같은 인공적인 광원은 특정한 몇 가지 색으로만 이루어집니다. 인공적인 광원의 스펙트럼은 중간에 검은 띠로 이루어진 빈 공간이 있는 스펙트럼을 만들지요.

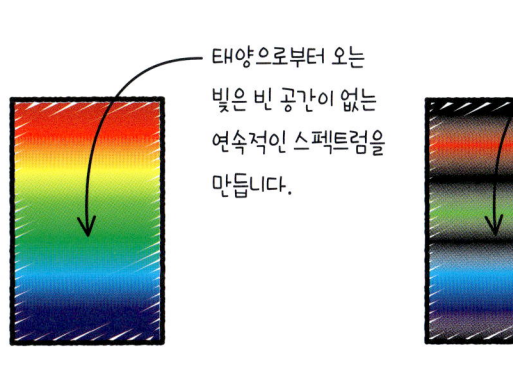

태양으로부터 오는 빛은 빈 공간이 없는 연속적인 스펙트럼을 만듭니다.

스마트폰의 화면은 빨간색, 초록색, 파란색 빛만 만들기 때문에 햇빛의 스펙트럼과 전혀 다른 모양입니다. 또 중간에 빈 공간을 의미하는 검은 띠가 있습니다.

햇빛

스마트폰

우리 주변의 과학
과학: 별빛

물질을 이루는 화학 성분들은 연소할 때 서로 다른 스펙트럼을 가진 빛을 냅니다. 화학자들은 분광기를 이용해 물질이 연소할 때 발생하는 빛의 스펙트럼을 연구합니다. 이 스펙트럼을 연구하면 물질 속에 어떤 종류의 원소가 들어 있는지 알 수 있지요. 천문학자들 역시 분광기를 이용해 별에서 오는 빛을 연구합니다. 별빛의 스펙트럼을 연구하면 어떤 색의 빛이 오는지, 그 별에는 어떤 원소가 있는지 알아낼 수 있습니다.

진동과 음파
노래하는 숟가락

이번 실험에서 여러분은 숟가락을 이용해 아름다운 소리를 만들어 볼 것입니다. 하지만 그냥 들을 수 있는 것은 아닙니다. 여러분이 손가락을 귀에 대야 들을 수 있지요. 숟가락들이 서로 부딪치고 흔들릴 때, 금속은 미세하게 구부러지고 펴지면서 반복적으로 움직입니다. 이 움직임을 진동이라고 하지요. 진동은 아주 빠르고 작아서 눈으로는 볼 수 없습니다. 하지만 진동은 숟가락이 달린 줄도 함께 진동하게 합니다. 결국 이 진동이 줄을 따라 전달되고 여러분의 귀까지 전달되어 소리를 들을 수 있게 해 줍니다.

노래하는 숟가락 만들기

숟가락이 만드는 소리를 듣기 위해서 여러분이 해야 할 일은 딱 네 가지입니다. 숟가락을 줄에 고정시키고, 줄을 손가락에 감은 다음, 손가락을 귀에 대고, 숟가락을 부딪치게 하는 것이지요. 이 실험은 아주 간단하지만 결과는 정말 놀라울 것입니다.

숟가락이 서로 부딪힐 때 줄은 숟가락이 만드는 진동을 전달합니다.

1 여러분 팔 길이의 두 배 정도가 되도록 줄을 자르세요. 자른 줄을 책상 위에 올리세요.

시간 10분 **난이도** 쉬움

준비물

줄 / 접착테이프 / 가위

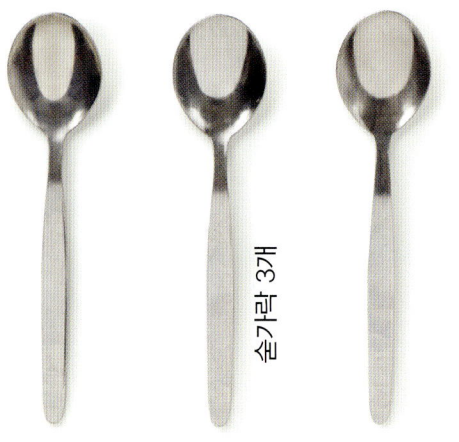
숟가락 3개

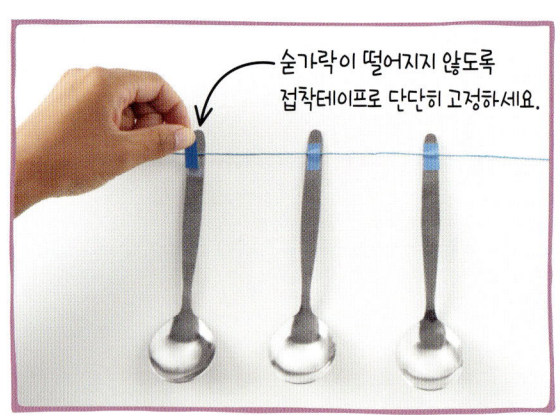
숟가락이 떨어지지 않도록 접착테이프로 단단히 고정하세요.

2 줄의 중간 즈음에 숟가락을 놓으세요. 일정한 간격으로 나란히 두세요. 접착테이프를 이용해 줄에 고정하세요.

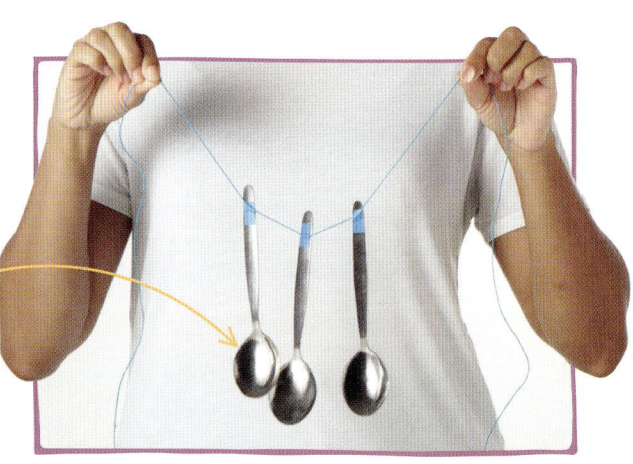

금속과 같은 물질이 진동할 때 소리가 납니다. 금속은 플라스틱이나 나무와 같은 물질과는 다른 소리를 만들지요.

3 줄을 양쪽으로 잡고 숟가락이 움직이도록 하세요. 줄에 손가락을 하나씩 감고 숟가락을 부딪쳐 보세요. 양철을 두드리는 날카로운 소리가 날 것입니다.

노래하는 숟가락 141

사진처럼 손가락을 귀에 대면 다른 소리를 차단해 줍니다. 그래서 숟가락의 소리가 훨씬 더 크게 들리지요.

4 줄을 감싼 손가락을 귀에 대 보세요. 숟가락을 흔들어 서로 부딪치게 해서 소리를 들어보세요. 마치 종소리처럼 크고 아름답게 들릴 것입니다.

이렇게도 해 봐요!

만약 금속 숟가락 대신 열쇠, 너트와 볼트와 같은 다른 금속 물체로 바꾸면 소리는 어떻게 들릴까요? 또 금속 대신 나무나 플라스틱으로 만들어진 숟가락을 사용하면 여전히 아름다운 소리를 들을 수 있을까요?

원리 파헤치기

금속 숟가락이 서로 부딪치면 숟가락은 매우 빠르게 움직이며 진동합니다. 이 진동은 소리를 만들지요. 진동은 공기 분자도 진동하게 만들고, 공기 분자의 진동은 여러분의 귀까지 전달되는 보이지 않는 파동을 만들기 때문입니다. 음파는 공기를 통해 전달됩니다. 때문에 숟가락이 부딪힐 때 들리는 소리는 챙챙거리는 소리지요. 하지만 손가락을 귀에 갖다 대면, 진동은 줄과 손가락, 두개골의 내이를 통해 전달됩니다. 음파는 공기와는 달리 더 빡빡하게 채워진 고체 분자 속에서 더 잘 이동합니다. 따라서 여러분은 더 크고 아름다운 소리를 들을 수 있습니다.

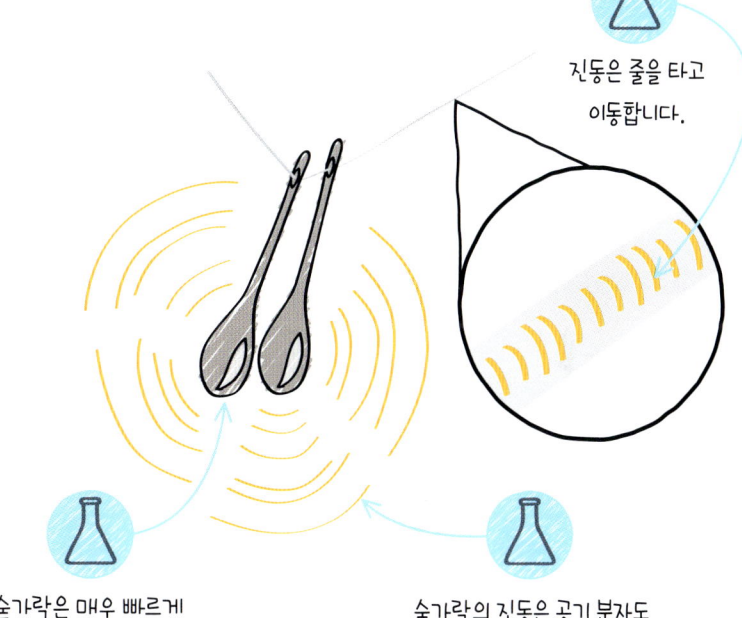

진동은 줄을 타고 이동합니다.

숟가락은 매우 빠르게 진동합니다.

숟가락의 진동은 공기 분자도 진동시키고 공기 중으로 소리가 퍼지도록 음파를 만듭니다.

우리 주변의 과학
기술: 청진기

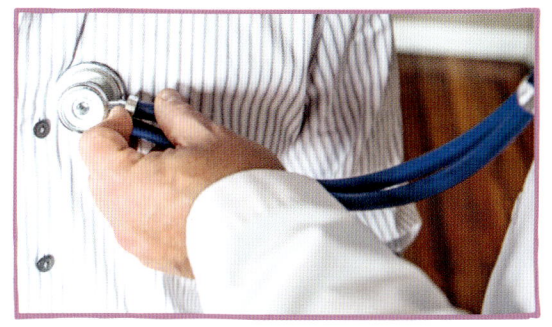

보통 우리는 심장이 뛰는 소리를 듣기 어렵습니다. 소리가 매우 작기 때문이지요. 하지만 의사는 청진기를 통해 심장이 뛰는 소리를 들을 수 있습니다. 컵 모양으로 생긴 부분을 가슴에 올려 놓고 살짝 눌러 심장이 뛰는 희미한 소리를 모읍니다. 속이 빈 관은 음파가 다른 곳으로 퍼지는 것을 막고 심장이 뛰는 소리를 듣게 해 줍니다.

진동하는 관악기
하모니카

이번 실험에서는 하모니카를 만들어 소리에 숨은 과학에 대해 배울 것입니다. 진짜 하모니카처럼 여러분이 만들 하모니카도 공기를 불어넣을 때 진동하는 부분이 있습니다. 두 개의 아이스크림 막대에 끼어 있는 이쑤시개 두 조각 사이에 얇은 종잇조각이 진동하며 소리를 내지요. 여러분만의 하모니카를 만들어 보세요. 얼마나 멋지고 독특한 소리가 날까요!

하모니카 소리의 높낮이는 종이가 얼마나 빠르게 진동하는지에 달려 있습니다. 종이가 빨리 진동할수록 음의 높이는 높아집니다.

하모니카 만들기

이 하모니카는 아이스크림 막대로 만듭니다. 하모니카를 불 때 입을 대야 하므로 반드시 깨끗하게 씻어서 사용하세요. 이 외에도 고무줄과 이쑤시개, 종이 한 장이 필요합니다. 이것만 있으면 여러분은 몇 분 만에 음악을 연주할 수 있습니다!

1 종이 위에 아이스크림 막대를 대고 연필로 윤곽을 따라 그리세요. 가위로 막대 모양을 따라 자르세요.

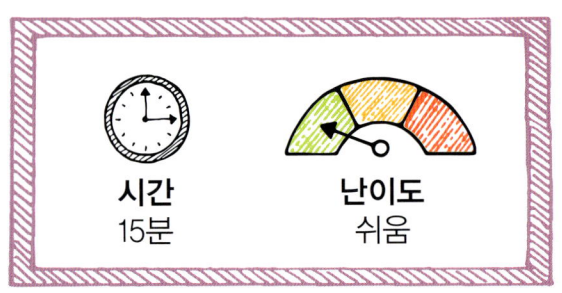

시간 15분 **난이도** 쉬움

준비물

고무줄 2개 / 이쑤시개 2개 / 연필 / 가위 / 색 도화지 / 아이스크림 막대 2개

소리는 주변 공기를 흩뜨리며 진동하는 물체에 의해 만들어집니다. 여러분이 만든 하모니카에서 진동하는 부분은 바로 종이입니다.

2 과정 1에서 자른 종잇조각을 막대 위에 올린 다음 다른 막대를 종이 위에 올리세요.

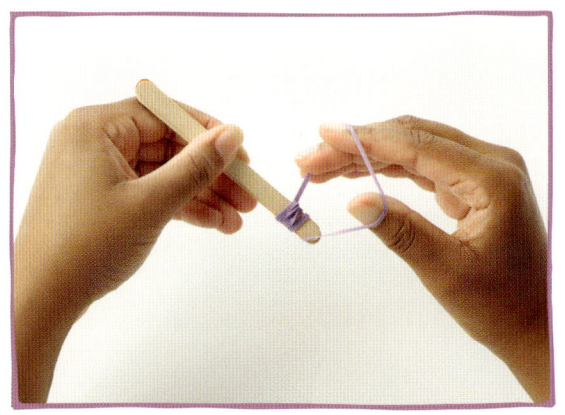

3 막대 한쪽에 고무줄을 여러 번 감아 단단하게 고정하세요.

하모니카 **145**

원리 파헤치기

이쑤시개 조각들은 양쪽에서 종이를 단단하게 잡습니다. 하모니카를 불거나 빨아들이면 공기가 종이 사이를 빠르게 지나가 종이가 진동합니다. 이 진동 때문에 공기도 진동하고 소리가 발생합니다. 만일 하모니카를 더 강하게 불거나 막대를 꽉 잡고 불면 종이는 더 빠르게 진동합니다. 따라서 더 높은 소리가 나게 되지요.

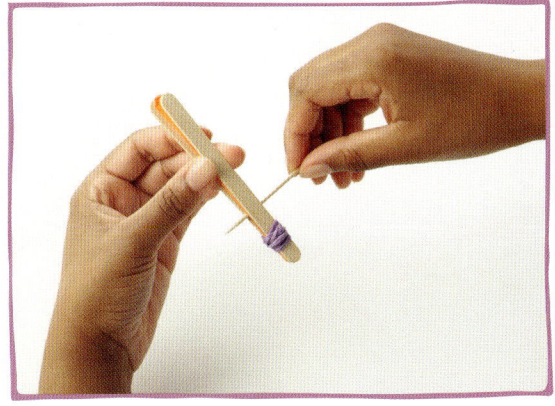

4 막대 사이에 이쑤시개 하나를 끼우고 최대한 고무줄 쪽으로 밀어 넣으세요.

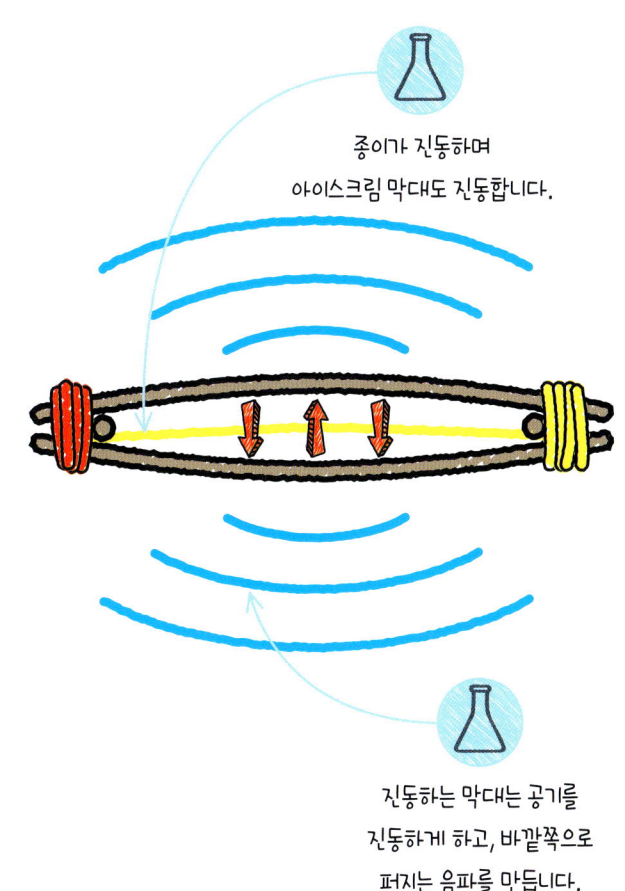

종이가 진동하며 아이스크림 막대도 진동합니다.

진동하는 막대는 공기를 진동하게 하고, 바깥쪽으로 퍼지는 음파를 만듭니다.

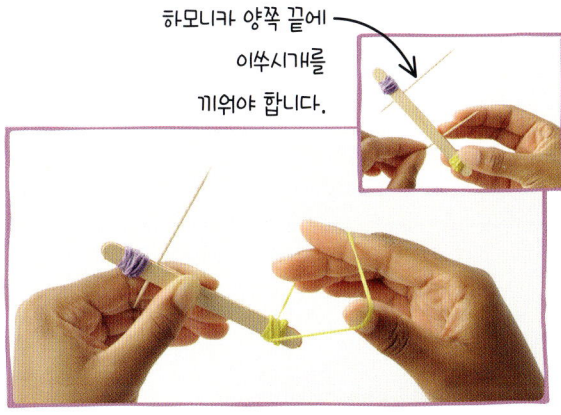

하모니카 양쪽 끝에 이쑤시개를 끼워야 합니다.

5 반대쪽도 역시 고무줄로 단단히 감고 이쑤시개 하나를 끼우세요.

우리 주변의 과학
과학: 진동하는 리드

진짜 하모니카는 여러분이 만든 아이스크림 막대 하모니카와 비슷한 방법으로 소리가 납니다. 물론 종이 대신 금속으로 만들어진 리드가 있지요. 리드는 연주자가 하모니카의 구멍으로 공기를 불거나 빨아들일 때 진동하는 얇은 떨림판입니다. 각 구멍 뒤에는 적어도 하나의 리드가 있고 각 리드는 서로 다른 음을 내도록 조율되어 있습니다.

6 가위를 이용해 이쑤시개를 자르고 다듬으세요. 이 때 막대 사이의 종이는 구겨지지 않아야 합니다. 하모니카를 입술 사이에 대고 불어 보세요. 어떤 소리가 나요? 이번에는 반대로 빨아들이세요. 또 어떤 소리가 나요?

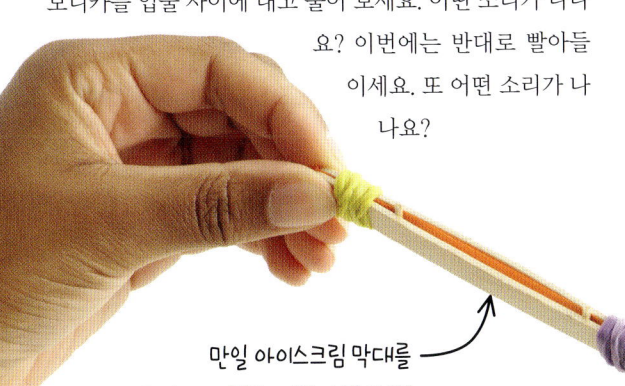

만일 아이스크림 막대를 이로 강하게 물면 어떻게 될까요?

버저가 날면 고무줄이 진동해 마치 벌이 윙윙거리는 것 같은 소리가 납니다.

줄을 흔들어서 버저를 날리세요.

공기 탄성 파동
버저

여러분이 버저를 빙빙 돌리면 버저는 마치 벌이 옆에서 날아다니는 것처럼 윙윙 소리를 냅니다. 벌은 날 때 초당 200번 이상 날개를 움직입니다. 여러분이 만들 버저는 날개나 근육 대신 고무줄을 이용해 하늘을 나는 벌을 흉내낼 것입니다. 고무줄을 공중에서 돌리면 고무줄이 앞뒤로 빠르게 움직이며 진동하고, 이 진동은 소리를 만듭니다.

버저 만들기

버저는 아이스크림 막대와 고무줄, 종이, 줄, 접착제로 만들 수 있습니다. 생각보다 어렵지 않지요. 버저는 고무줄의 역할이 중요합니다. 따라서 잘 작동하는 버저를 만들기 위해 실험 과정을 조절할 필요가 있습니다. 특히 다양한 크기의 고무줄을 준비해 어느 고무줄이 소리가 크고 잘 나는지 확인하세요.

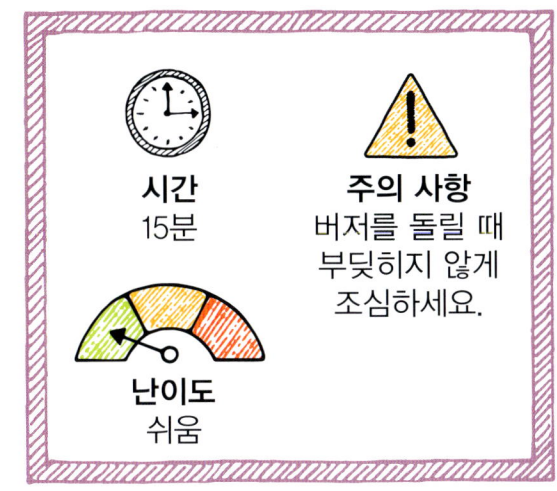

시간 15분

주의 사항 버저를 돌릴 때 부딪히지 않게 조심하세요.

난이도 쉬움

준비물

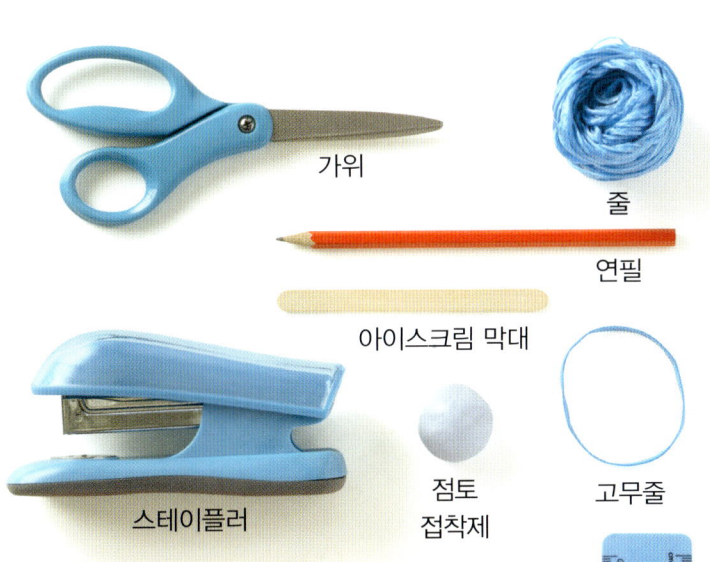

가위, 줄, 연필, 아이스크림 막대, 점토 접착제, 고무줄, 스테이플러, 색 도화지, 자

1 색 도화지를 반으로 접으세요. 접은 선을 따라 눌러 반듯하게 접히도록 하세요.

접은 선 부분

2 아이스크림 막대를 접은 선 아래에 두세요. 자로 막대 양끝에서 약 1cm 정도 떨어진 곳을 찾은 다음 접은 선 위에 연필로 표시하세요.

148 4. 빛과 소리

3 종이의 접은 선을 위로 가도록 한 다음, 표시한 두 점 사이에 위 사진처럼 벌을 그리세요.

4 과정 3에서 그린 선을 따라 자르세요. 종이를 펼치면 벌과 같은 모양이 됩니다.

5 아이스크림 막대를 벌 안에 넣고 스테이플러로 종이와 막대를 두 번 박아서 막대를 고정하세요.

6 줄을 약 50cm 길이로 잘라 한쪽 끝을 아이스크림 막대에 위 사진처럼 단단히 묶으세요.

7 점토 접착제 덩어리를 오른쪽 사진처럼 막대 양쪽에 고정하세요. 단단하게 누르세요.

점토 접착제가 막대에 단단히 고정되어야 합니다.

검정색 줄무늬와 눈을 그려 정말 벌처럼 꾸며도 좋습니다.

버저 149

원리 파헤치기

버저에서 나는 소리는 공기 탄성 파동(공탄성 플러터)에 의한 것입니다. 이는 부드러운 물체가 공기 중을 빠르게 움직일 때 발생하는데, 공기는 부드러운 물체를 아주 빠르게 앞뒤로 움직이게 합니다. 고무줄은 초당 200번 정도 휘어지는데, 이는 벌의 날갯짓과 주파수가 같아 마치 벌이 나는 것과 같은 소리를 냅니다. 또 다른 예로 풀피리는 엄지손가락 사이에 풀잎을 끼워 넣고 그 사이로 바람을 불면 진동에 의해 더 큰 소리를 낼 수 있습니다.

고무줄은 탄력이 있어 쉽게 빠지지 않습니다.

8 고무줄을 위 사진처럼 점토 접착제 한쪽에 걸고 늘리세요. 꼬이지 않았는지 확인하고 고무줄을 평행하게 만들어 반대쪽 접착제 위에 놓으세요. 이때 고무줄이 아이스크림 막대에 달라붙지 않게 하세요.

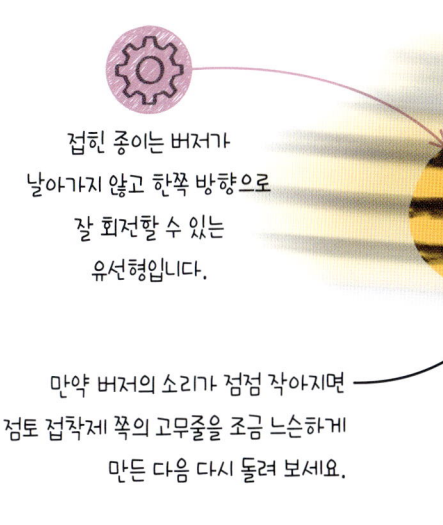

접힌 종이는 버저가 날아가지 않고 한쪽 방향으로 잘 회전할 수 있는 유선형입니다.

만약 버저의 소리가 점점 작아지면 점토 접착제 쪽의 고무줄을 조금 느슨하게 만든 다음 다시 돌려 보세요.

9 날개를 살짝 펴세요. 버저를 돌려도 부딪치지 않을 넓은 장소를 찾아 가능한 한 빠르고 크게 원을 그리며 버저를 돌리세요. 만약 버저를 돌려도 소리가 너무 작으면 윙윙 소리가 더 커지도록 더 두껍거나 얇은 고무줄로 계속 실험하세요.

버저를 돌리면 줄은 팽팽해집니다. 줄을 당기는 힘은 구심력이 되고, 구심력은 버저가 일직선으로 날아가지 않고 계속 회전하도록 만듭니다.

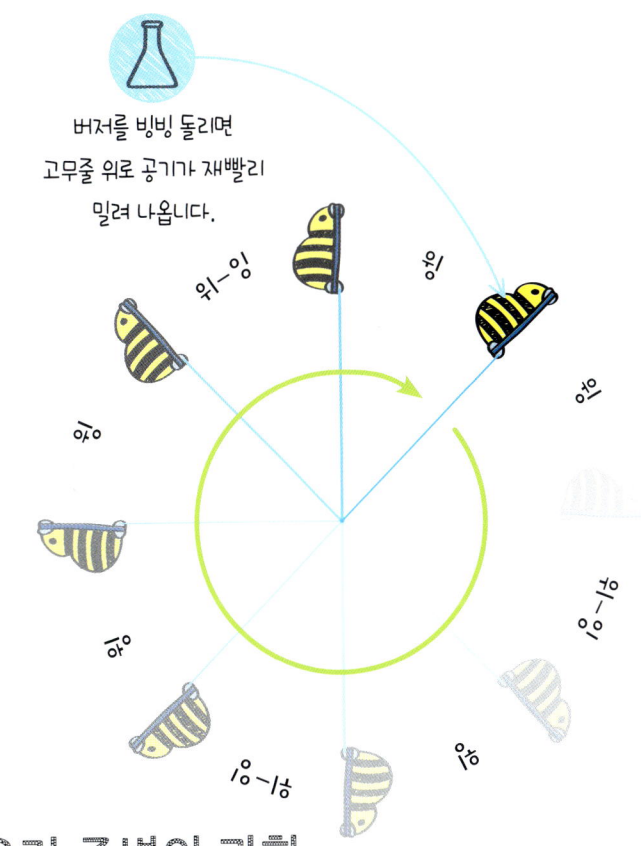

버저를 빙빙 돌리면 고무줄 위로 공기가 재빨리 밀려 나옵니다.

위–잉 웅 웅 웅–잉 웅–잉 웅 웅

우리 주변의 과학
과학: 타코마 해협 현수교

1940년에 세계에서 세 번째로 큰 현수교였던 미국의 타코마 해협 현수교가 갑자기 무너졌습니다. 타코마 현수교는 강한 바람에 의해 흔들리기 시작했고 결국 앞뒤로 크게 뒤틀리면서 스스로 무너졌지요. 오늘날 기술자들은 비행기나 다리처럼 빠르게 움직이는 공기의 영향을 많이 받는 구조물들이 공기 탄성 파동(공탄성 플러터)으로 인해 부서지는 것을 막기 위해 노력하고 있습니다.

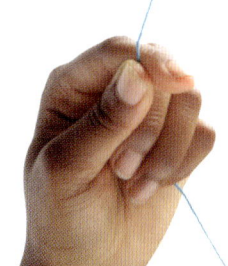

현악기 진동
기타

음악을 연주하고 악기를 제작하는 것은 소리에 대한 과학 원리를 탐구하는 좋은 방법 중 하나입니다. 이번 실험에서 기타를 만들면서 여러분은 음악도 연주하고 소리에 대해 탐구도 할 수 있습니다. 기타 줄로 낚싯줄을 이용하고 기타 몸통은 아이스크림 통을 사용할 것입니다. 기타를 제대로 만들기만 하면 신기하게도 진짜 기타처럼 아름다운 소리를 냅니다. 재료를 준비해 나만의 기타를 만들어 봅시다.

기타 줄의 진동은 기타의 몸통까지 전달됩니다.

진동하는 기타의 몸통은 공기를 진동시키고 주변 공기에 음파를 전달합니다.

기타 만들기

이번 실험에서 두 가지 중요한 것이 있습니다. 바로 기타 줄과 기타 몸통이지요. 기타 줄은 낚싯줄로, 몸통은 아이스크림 통으로, 기타의 목 부분은 골판지로 만듭니다.

시간 90분　**난이도** 어려움

준비물

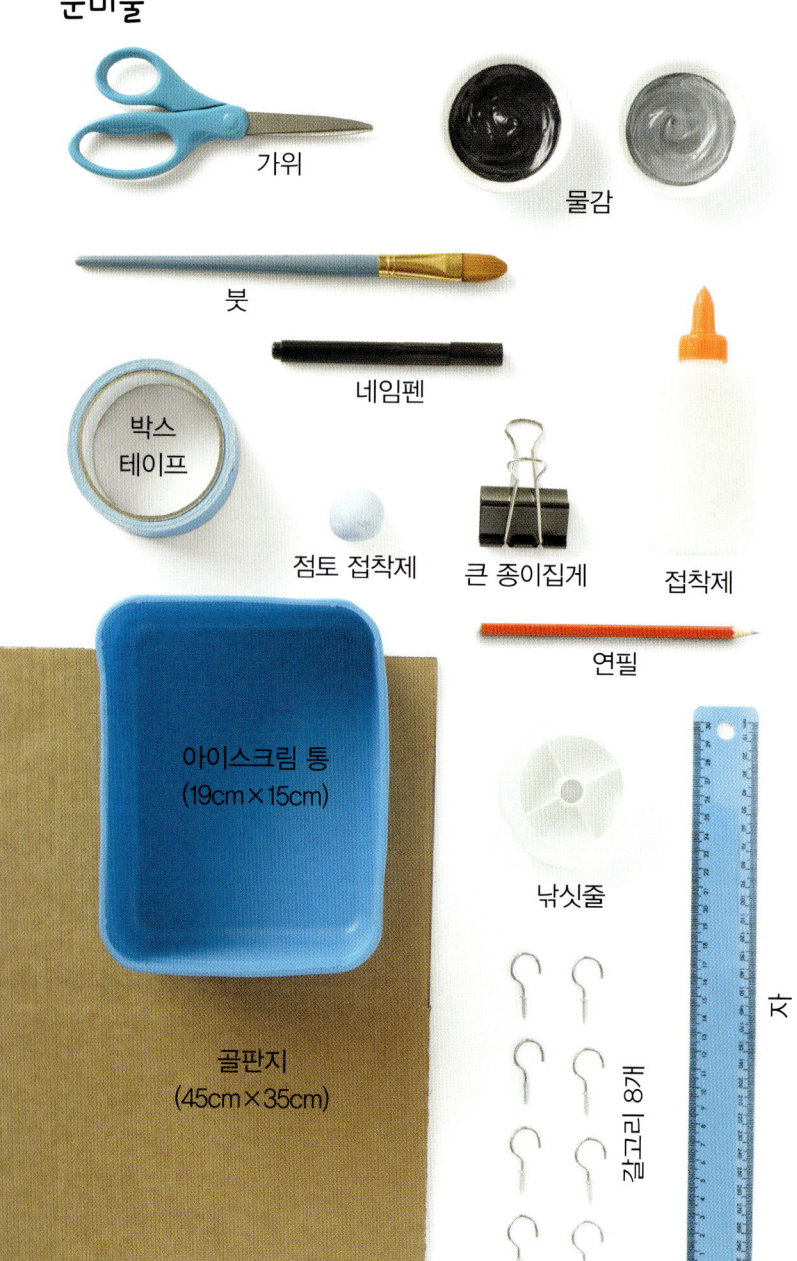

가위, 물감, 붓, 네임펜, 박스테이프, 점토 접착제, 큰 종이집게, 접착제, 연필, 아이스크림 통 (19cm×15cm), 낚싯줄, 갈고리 8개, 자, 골판지 (45cm×35cm)

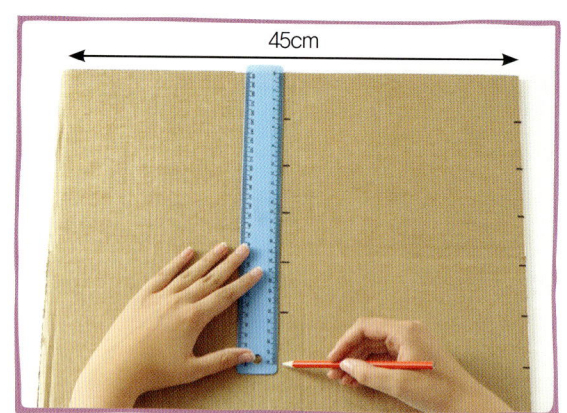

1 자와 연필을 이용해 골판지의 짧은 쪽에 5cm씩 표시를 하세요. 가운데 부분에도 똑같이 표시를 합니다. 위의 사진을 참고하세요.

2 자를 이용해 연필로 표시한 점들을 잇는 직선을 그리세요. 위 사진처럼 골판지 전체에 걸쳐서 길게 그리세요.

기타 153

3 가위로 골판지를 잘라 7개의 긴 직사각형 조각을 만드세요. 직사각형의 크기는 길이 45cm, 너비 5cm 입니다.

4 조각 중 하나에 자를 이용해 한쪽 끝에서 22.5cm만큼 떨어진 곳에 연필로 표시하세요.

5 과정 4에서 표시한 부분을 잘라 똑같은 조각 두 개를 만드세요.

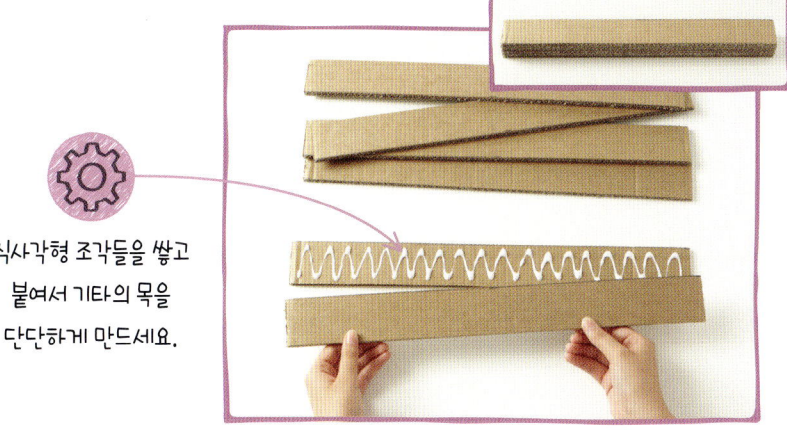

직사각형 조각들을 쌓고 붙여서 기타의 목을 단단하게 만드세요.

6 남은 여섯 개의 직사각형을 접착제를 이용해 붙이고 쌓으세요.

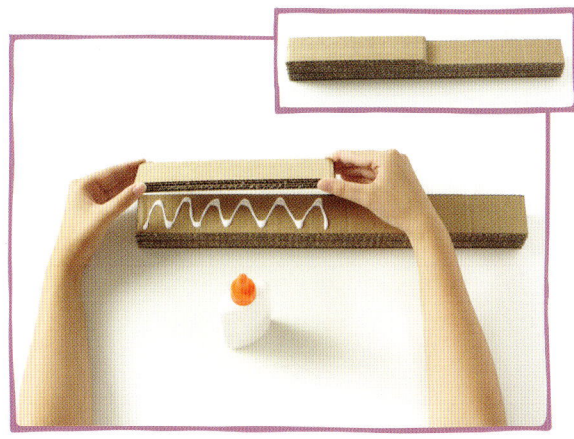

7 과정 5에서 만든 짧은 직사각형 조각에도 접착제를 발라 위 사진처럼 붙이세요. 가장 두꺼운 부분이 기타의 목 부분입니다.

8 접착제를 물감과 섞으세요. 걸쭉해진 물감을 기타 목 부분에 바르면 기타 목이 더 단단해집니다.

154 4. 빛과 소리

기타의 목은 팽팽한 줄을 견딜 수 있을 만큼 튼튼해야 합니다.

9 접착제와 물감을 섞은 것을 기타 목 전체에 바르고 30분 정도 말리세요.

진짜 기타처럼 보이려면 프렛을 그려 주세요. 프렛은 연주할 때 쉽게 음을 찾을 수 있도록 해 주는 금속 조각입니다.

두꺼운 부분을 올리는것은 아이스크림의 통과 기타의 목이 일직선이 되도록 하기 위함입니다.

10 박스 테이프를 잘라 기타 목 양쪽에 단단히 감싸세요. 이렇게 하면 좀 더 튼튼해집니다.

11 아이스크림 통의 짧은 쪽을 바닥에 대고 세우세요. 기타의 두꺼운 목 부분을 아이스크림 통 테두리 부분에 놓으세요. 위의 사진처럼 기타 목의 얇은 부분을 네임펜으로 통 위에 표시하세요.

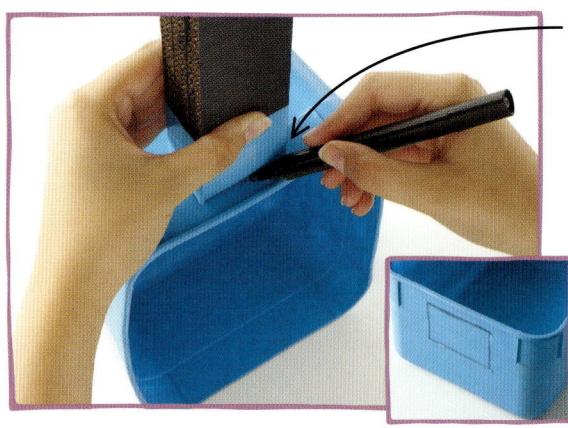

아이스크림 통 측면 정가운데에 기타 목을 두면 됩니다.

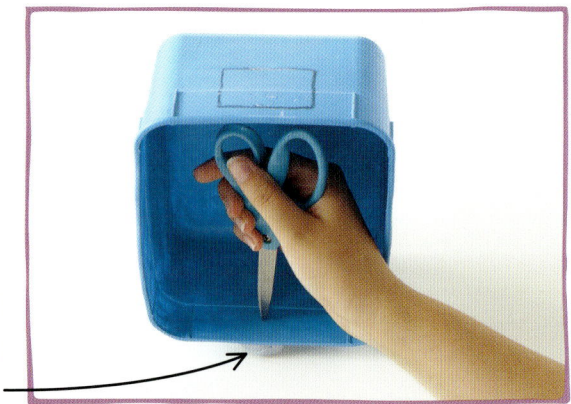

점토 접착제를 통 아래 두고 책상을 보호하세요.

12 위 사진처럼 테이프가 붙은 기타의 얇은 목 부분을 통에 대고 과정 11에서 표시한 곳과 일직선이 되도록 하세요. 기타 목 윤곽을 따라 그리세요.

13 아이스크림 통 반대쪽에 과정 11~12를 반복하세요. 가위를 이용해 두 개의 직사각형 가운데에 구멍을 뚫으세요. 상자의 안쪽에서 바깥쪽으로 뚫으면 됩니다.

기타 155

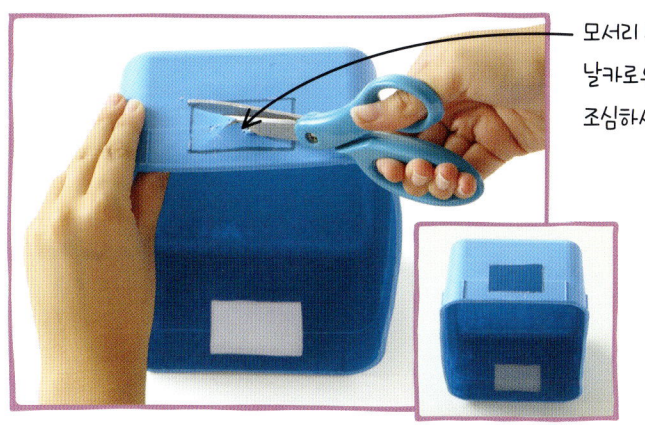

14 과정 13에서 만든 구멍으로 가위를 넣어 직사각형을 깔끔하게 자르세요. 먼저 구멍에서 대각선 방향으로 자른 다음 나머지 부분을 자르세요.

모서리 부분이 날카로우므로 조심하세요.

15 기타 목을 구멍에 넣으세요. 기타 목의 두꺼운 부분이 아이스크림 통에 닿을 때까지 쭉 밀어 넣으면 됩니다.

만약 기타 목이 맞지 않으면 구멍을 좀 더 크게 만드세요.

16 기타 목의 두꺼운 부분에 자를 대고 1cm 간격으로 점을 찍으세요. 이때 위 사진처럼 점 두 개는 좀 더 끝에 가깝게 찍으세요.

사진 속의 점은 기타 끝 부분에 좀 더 가깝게 그리세요.

17 갈고리 네 개를 위 사진처럼 돌려서 끼우세요. 갈고리는 기타 줄을 연결하고 지탱하는 부분입니다.

19 과정 18에서 그린 점에 갈고리를 돌려 끼우세요. 이때 아래 사진처럼 고리의 열린 부분이 기타 아래쪽을 향하게 하세요.

18 기타 아래쪽에도 1cm 간격으로 점을 그리세요. 이번에는 일렬로 그리면 됩니다.

156 4. 빛과 소리

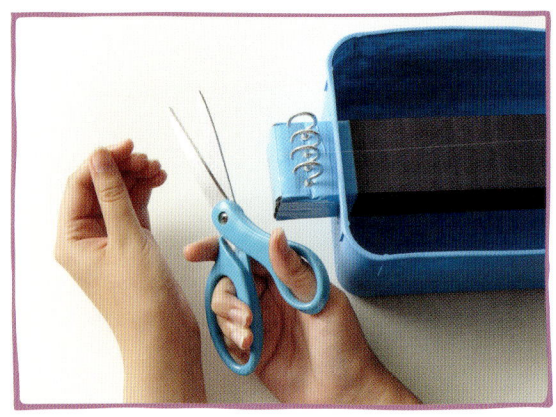

20 고리에서 고리 사이의 거리보다 10cm 정도 더 길게 낚싯줄을 자르세요. 모두 네 가닥을 자르면 됩니다.

이때 낚싯줄이 서로 꼬이지 않도록 주의하세요.

21 낚싯줄을 두꺼운 목 부분에 끼운 갈고리에 거세요. 가능한 한 단단하게 두 번씩 묶으세요.

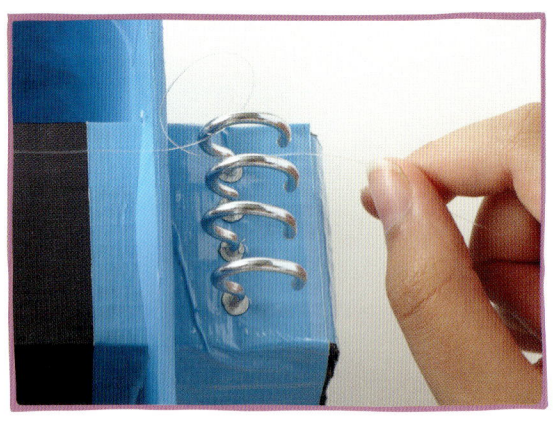

22 낚싯줄을 팽팽하게 당겨서 반대쪽 고리에 두 번 정도 감으세요. 이때 여기서는 줄을 묶지 않습니다.

23 낚싯줄을 팽팽하게 잡아당긴 다음 집게로 고정하세요. 손을 위아래로 움직여 줄을 누르며 손가락을 튕겨보세요. 어떤 소리가 나나요?

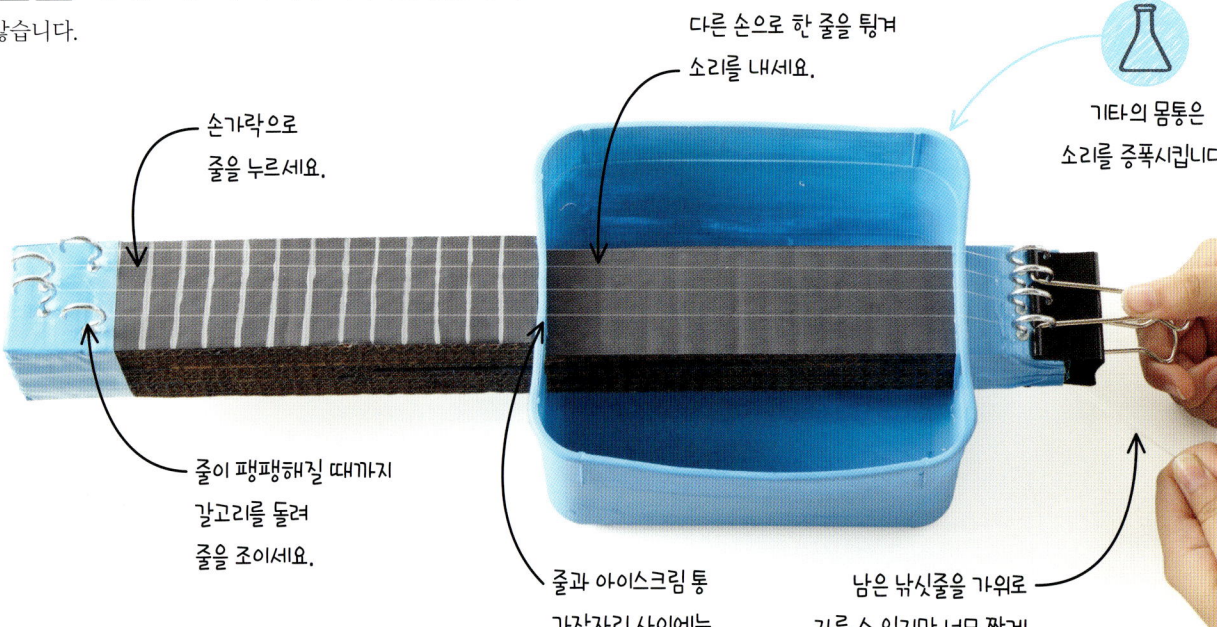

손가락으로 줄을 누르세요.

다른 손으로 한 줄을 튕겨 소리를 내세요.

기타의 몸통은 소리를 증폭시킵니다.

줄이 팽팽해질 때까지 갈고리를 돌려 줄을 조이세요.

줄과 아이스크림 통 가장자리 사이에는 약간의 틈이 있어야 합니다.

남은 낚싯줄을 가위로 자를 수 있지만 너무 짧게 자르진 마세요.

원리 파헤치기

기타 줄을 튕기면 줄은 매 초마다 여러 번 진동합니다. 줄을 더 팽팽하게 당길수록 줄은 더 빨리 진동하고 더 높은 음을 냅니다. 줄을 눌러서 잡는 것도 더 높은 음을 내게 합니다. 손으로 줄을 누르면 가운데 있는 기타 몸통에 닿게 되고, 손으로 누른 아래쪽 줄만 진동합니다. 이렇게 잡으면 잡지 않았을 때보다 한 옥타브 더 높은 음을 낼 수 있습니다. 줄은 기타 몸통을 진동하게 하는데, 몸통의 표면적이 넓기 때문에 공기를 더 많이 흐트러뜨려 더 많이 진동하게 합니다. 결국 기타의 몸통은 줄의 진동을 증폭시켜 소리를 더 크게 만듭니다.

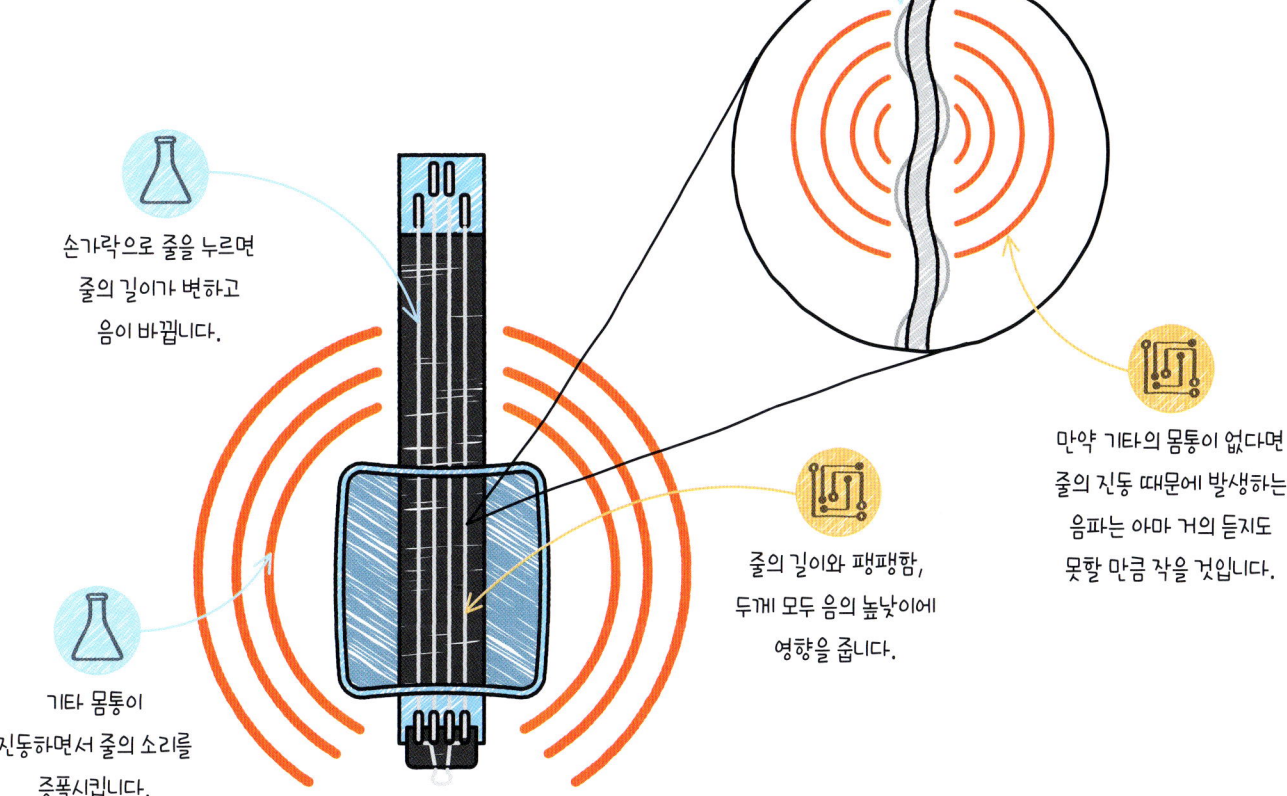

줄을 튕기면 진동이 발생합니다.

손가락으로 줄을 누르면 줄의 길이가 변하고 음이 바뀝니다.

줄의 길이와 팽팽함, 두께 모두 음의 높낮이에 영향을 줍니다.

만약 기타의 몸통이 없다면 줄의 진동 때문에 발생하는 음파는 아마 거의 듣지도 못할 만큼 작을 것입니다.

기타 몸통이 진동하면서 줄의 소리를 증폭시킵니다.

우리 주변의 과학
기술: 어쿠스틱 기타

어쿠스틱 기타는 서로 두께가 다른 여섯 개의 줄이 달려 있습니다. 줄의 두께가 두꺼울수록 음이 더 낮지요. 이 때문에 기타는 다양한 음역대의 소리를 낼 수 있습니다. 여러분이 만든 기타와는 달리 어쿠스틱 기타는 앞면이 닫혀 있는 대신, 울림 구멍이 있습니다. 이 울림 구멍은 기타 안의 공기를 압축했다가 팽창시켜서 소리를 더 크게 증폭할 수 있습니다. 기타를 만드는 재료들도 소리에 영향을 줍니다. 재료에 따라 기타의 음색이 달라지지요. 대부분의 어쿠스틱 기타는 나무로 만들지만 때로는 금속이나 플라스틱으로 만들기도 합니다.

용어 사전

pH
용액에 든 수소 이온의 농도를 나타내는 값으로 수소 이온이 많을수록 산성을 띰.

겔
작은 액체 방울들이 고체 속에 들어 있는 혼합물로 젤리도 겔에 속함. 겔화제는 물을 첨가하면 겔로 변하는 물질.

공기 역학
공기가 물체 주변에서 어떻게 움직이는지 연구하고 공기 저항이나 양력과 같은 힘을 어떻게 만드는지 연구하는 학문.

공기 저항
물체가 공기 중을 이동할 때 물체의 속도를 낮추는 원인이 되는 힘.

궤도
태양 주위를 도는 행성이나 혜성, 소행성의 경로 또는 지구 주위를 도는 달이나 인공위성의 경로. 이때 중력은 물체가 궤도를 그리며 운동하도록 함.

단열재
열이 천천히 전달되는 물질로 옷은 우리 몸을 단열시켜 체온을 공기 중으로 빼앗기는 것을 감소시킴.

마찰력
서로 접촉하는 면에서 발생하는 힘으로 바퀴와 지면 사이의 마찰력은 바퀴가 회전할 때 자동차나 자전거가 앞으로 나가도록 함.

무게
중력에 의해 생기는 힘으로 물체를 아래로 잡아당기는 힘. 질량이 클수록 무게도 커짐.

밀도
일정한 부피에서 질량이 얼마나 되는지 나타내는 값.

발전기
회전하면서 전기를 생산하는 장치.

베어링
움직이는 부품 사이의 마찰력을 감소시켜 주는 부품. 예를 들어 바퀴에는 자유롭게 회전할 수 있도록 해 주는 베어링이 있음.

복사
뜨거운 물체로부터 열이 방출되는 현상으로 전자기 복사의 줄임말. 빛이나 적외선, 자외선, 전파, 엑스레이는 모두 전자기 복사에 속함.

부피
물체가 차지하는 공간의 크기를 말하며, 단위는 보통 밀리리터, 리터, 세제곱미터를 사용함.

분자
둘 또는 그 이상의 원자가 결합하여 만들어진 입자.

산
pH 7 이하인 물질. pH 1~3 사이의 강한 산성 물질은 피부에 화상을 입힐 수도 있고, pH 4~7 사이의 약한 산성 물질에는 식초, 레몬주스, 콜라 등이 있음.

색소
색이 나타나도록 하는 물질로 잉크나 물감, 꽃 등은 모두 색소가 있음.

수소 이온
수소 원자가 전자를 잃거나 얻은 상태. 용액 속에 수소 이온이 많을수록 pH는 낮아지고 산성을 띰. 산성 물질은 물에 녹을 때 많은 수소 이온을 내놓고 반대로 염기성 물질은 수산화 이온을 내놓음.

스펙트럼
무지개처럼 다양한 색깔을 가지는 빛이 나뉘어져 나타나는 것.

압력
표면을 수직으로 누르는 힘.

압축력
여러 방향에서 누르는 힘으로 장력의 반대 힘.

양력
물체가 공기 중에서 움직일 때 위로 작용하는 힘으로 물체의 위쪽보다 아래쪽의 기압이 더 클 때 발생함.

에너지
일을 할 수 있는 능력. 전기 에너지, 운동 에너지, 위치 에너지와 같이 다양한 형태로 존재함.

염기
pH 7 이상인 물질. 산과 반대되는 성질을 가짐.

용액
어떤 물질이 액체 속에 녹아 균일하게 혼합된 물질.

원기둥
원 모양의 단면을 갖는 3차원 입체 도형.

원소
화학 반응으로 더 쪼개질 수 없는, 한 종류의 원자로 이루어진 물질.

원자
물질을 구성하는 가장 작은 입자. 원자는 존재할 수 있는 원소의 가장 작은 형태.

음파
공기 중 또는 액체나 고체를 통과하는 눈에 보이지 않는 소리의 파동.

이산화탄소
탄산음료나 대기 중에서 볼 수 있는 화합물.

이온
원자가 전자를 얻거나 잃어서 만들어진 입자.

장력
압축력의 반대되는 것으로 잡아당기는 힘을 말함.

재활용
더 이상 필요하지 않은 물건을 재사용하는 것.

전도
고체나 액체 상태의 물질을 통해 열 또는 전기가 전달되는 현상.

전도체
열이나 전기가 잘 흐르는 물질로 금속은 좋은 전도체임.

전자
원자에서 (-) 전하를 띠는 입자로 전류는 전자의 흐름임.

중력
질량을 가진 물체가 잡아당기는 힘으로 지구의 중력은 물체를 지면 쪽으로 잡아당김.

증발
액체의 표면에서 액체가 기체로 바뀌는 현상.

지렛대
고정된 점(중심점) 주위를 회전할 때 힘 또는 움직임을 조정하는 막대.

진동
물체가 아주 빠르게 앞뒤로 떨리는 현상으로 기타 줄을 손으로 튕기면 진동하며 소리를 만듦.

질량
물질의 고유한 값으로 중력은 질량을 가진 물체를 끌어당기는데, 이때 질량이 크면 클수록 무게가 더 많이 나감.

캠
회전 운동을 왕복 운동 또는 상하 운동(직선 운동)으로 바꿔 주는 부품.

크랭크
회전 운동을 왕복 운동으로 바꿔 주거나 그 반대로 바꿀 수 있는 부품.

타원
납작한 원 모양. 태양 주위를 도는 행성들의 궤도가 타원형임.

터빈
기체, 액체, 증기의 압력에 의해 돌아가는 날개를 가진 장치로 바람이나 물에 의해 힘을 얻는 터빈은 전기를 생산하는 데 사용됨.

파동
물체가 공기 중을 빠르게 지나거나 공기가 물체를 빠르게 지날 때 발생하는 진동 현상. 이때 공기가 만드는 힘은 물체를 한 방향으로, 그 다음 또 다른 방향으로 회전하게 함.

파장
파동의 두 지점인 골과 골 또는 마루와 마루 사이의 거리. 음파에서 파장은 공기가 압축되는 한 지점과 다음으로 압축되는 지점 사이의 거리를 말함.

피라미드
맨 위에 꼭짓점을 가지고 밑부분에 삼각형 또는 사각형이 있는 3차원 입체 구조.

혼합물
둘 또는 그 이상의 화합물 또는 원소가 혼합된 물질로 고체, 액체, 기체 상태로 존재함. 예를 들어 공기는 기체로 이루어진 혼합물임.

화학 물질
혼합물이 아닌 원소나 화합물을 말하며, 액체나 고체, 기체 상태로 존재할 수 있음.

화학 반응
두 개 이상의 화학 물질이 반응하여 새로운 화학 물질을 만드는 과정.

화합물
둘 또는 그 이상의 원소로 이루어진 물질로 물은 수소와 산소로 이루어진 화합물임.

힘
물체가 움직이도록 하는 원인으로 물체를 움직이게 하기도 하고 멈추도록 하기도 함. 또 속도를 높이거나 낮추거나, 방향을 바꾸게 하기도 하며 모양을 바꿀 수도 있음.

역자 후기

우리는 학교에서 과학을 배울 때 개념이나 원리, 지식 단위로 쪼개서 배웁니다. 기술이나 공학, 수학, 예술도 마찬가지지요. 개념, 원리, 지식을 하나씩 계속 배우다 보면 자연스럽게 통합할 수 있을 것이라 생각하기 때문입니다. 하지만 최근 들어 너무 지나치게 원리와 개념을 중시하고 교과목을 잘게 나누어 배우기 때문에 오히려 통합하기 어렵다는 문제점이 발견되었습니다. 여러분은 학교에서 배운 서로 다른 지식들을 통합하여 문제를 해결할 수 있나요? 아마 한두 가지는 가능할지 모르지만 여러 가지 지식을 조합하고 연결하기는 꽤 어려울 것입니다. 따라서 정부에서는 STEAM 교육을 도입 후, 지금까지 강조하고 있습니다. 이를 '융합 인재 교육'이라고도 부르지요.

지금 이뤄지는 교육들은 대부분 지식 중심입니다. 지식으로만 이해하고 배웠기 때문에 해 보지 않고도 모두 할 수 있다고 생각하지요. 하지만 이 책처럼 직접 재료를 구하고 만드는 활동들은 그 과정 자체로도 훌륭한 과학입니다. 예를 들어 골판지를 자를 때, 어떤 가위를 사용해 어떻게 자를지 고민하고 생각하는 것은 직접 하지 않으면 깨달을 수 없지요. 줄을 긋고, 접고, 자르고, 붙이고, 만드는 과정 모두 직접 해 볼 때와 그렇지 않을 때 우리가 배우는 것은 큰 차이가 있습니다. 단순히 글로 읽고 머리로 외우는 것과 달리 손을 움직여 도구를 사용하고 머리와 손이 함께 움직이도록 하는 모든 과정이 공부가 됩니다. 이런 일련의 단계들을 통해 우리는 사물을 융합적으로 이해하게 됩니다. 이것이 바로 진짜 공부지요.

어린 아이일수록 무엇을 만들고 실험하는 것을 아주 좋아합니다. 호기심이 아주 많기 때문이지요. 이 시기를 놓치지 마세요! 호기심이 많고 탐구하는 것을 좋아한다면 당장 이 책을 펴서 실험을 하세요. 경험과 감각을 풍부하게 해 줄 실험들이 가득합니다. 가족 모두가 함께 계획을 세우고 재료를 구입하세요. 급하게 할 필요는 없습니다. 다만 부모님께 전부 맡겨서는 안 되겠지요? 재료를 어디서 구할지 고민하고, 직접 준비하는 과정들이 좋은 경험으로 쌓일 것입니다. 단순히 과학 원리나 지식을 배운다고 생각하기보다 각 과정을 즐기는 마음으로 시작하시기 바랍니다. 하나씩 따라 하며 얻을 수 있는 즐거움과 흥미, 호기심, 인내심, 성취감은 지식보다 더 큰 가치가 있지요.

물론 쉽지만은 않습니다. 어려워서 금방 포기하고 싶을지도 모릅니다. 하지만 친구, 가족과 함께하며 기다려 주고 도와주세요. 이 책이 여러분의 궁금증을 해결하고 나아가 호기심을 키우는 데 도움이 되기를 바랍니다.

역자 일동

acknowledgments

The publisher would like to thank the following people for their assistance in the preparation of this book:
Sam Atkinson and Pauline Savage for editorial assistance; Smiljka Surla for design assistance; Steve Crozier and Adam Brackenbury for picture retouching; Pankaj Sharma, Ashok Kumar, Nityanand Kumar, and Jagtar Singh for repro work; Sean T. Ross for testing the experiments; Clarisse Hassan for additional illustrations; Helen Peters for indexing; Victoria Pyke for proofreading; Emmie-Mae Avery, Amelia Collins, Lex Hebblethwaite, Mollie Penfold, Melissa Sinclair, Kelly Wray, Abi Wright for hand modelling.

The publisher would like to thank the following for their kind permission to reproduce their photographs:
(Key: a-above, b-below/bottom, c-centre, f-far, l-left, r-right, t-top).
17 Dreamstime.com: Masezdromaderi (tr); **Getty Images:** Stringer / Bill Pugliano / Getty Images News (cr). **23 Getty Images:** Jeff Rotman / The Image Bank (bl). **29 iStockphoto.com:** BlackJack3D (crb). **37 Dreamstime.com:** Toldiu74 (bl). **41 Alamy Stock Photo:** Michele and Tom Grimm (crb). **49 Dreamstime.com:** Andrey Shupilo (br). **59 Dreamstime.com:** Vladislav Kochelaevskiy (br). **65 iStockphoto.com:** oversnap (br). **69 Depositphotos Inc:** alexlmx (br). **77 Dorling Kindersley:** Stephen Oliver (crb). **81 Dreamstime.com:** Andrey Armyagov (bl). **93 Dreamstime.com:** Jarrun Klinmontha (bl). **97 Dorling Kindersley:** Natural History Museum, London / Harry Taylor (cb); **Dreamstime.com:** Horseman 82 (clb); **Science Photo Library:** Steve Lowry (crb). **105 123RF.com:** Songquan Deng (crb); **Dreamstime.com:** Ian Klein (clb). **111 Science Photo Library:** Laguna Design (bl). **117 Dreamstime.com:** Hayati Kayhan (br). **123 The Reinforced Earth Company:** (br). **131 Dreamstime.com:** STRINGERimages (cra). **137 NASA: ESA / Hubble & NASA** (bl). **141 Getty Images:** Inti St Clair / Blend Images (bl). **145 Dreamstime.com:** Elitsa Lambova (br). **149 Rex by Shutterstock:** AP (bc). **157 Dreamstime.com:** Mrchan (br).

Copyright © Dorling Kindersley: Dave King
All other images © Dorling Kindersley.

For further information see: www.dkimages.com